Aimer les Hauts Lieux de la

Côte d'Azur

et du pays varois

À Bénou, pour avoir traversé des siècles jusqu'aux pins parasols de Porquerolles.

Texte Nathalie Melki
Photographies Gwenaël Saliou

EDITIONS OUEST-FRANCE

ALPES-DE-HAUTE-PROVENCE
Digne-les-Bains
Bléone
Verdon
Var
Tinée
A L P E
Valberg
Guillaumes
St-Sauveur-sur-Tinée
St-André-les-Alpes
Annot
Entrevaux
Puget-Théniers
Senez
Lac de Castillon
Castellane
Roquesteron
St-Auban
CHEIRON
Moustiers-Ste-Marie
Manosque
Durance
Riez
PARC DU VERDON
Lac du Barrage de Ste-Croix
Comps-sur-Artuby
Gourdon
St-Vallier-de-Thiey
Grasse
Valbonne
Pertuis
GRAND PLAN DE CANJUERS
Fayence
Aups
VAR
Rians
Tavernes
Salernes
Lac de St-Cassien
Mandelieu-la-Napoule
Mougins
Cannes
La Napoule
Théoule-s.-Mer
Îles de Lérins
Barjols
Flayosc
Draguignan
E S T É R E L
BOUCHES-DU-RHÔNE
SAINTE-VICTOIRE
Cotignac
Lorgues
Le Muy
Les Arcs
Argens
A8
Puget-sur-Argens
Fréjus
Agay
St-Raphaël
Trets
St-Maximin-la-Ste-Beaume
Brignoles
Vidauban
Roquebrune-sur-Argens
St-Aygulf
Tourves
Auriol
Nans-les-Pins
Plan-d'Aups-Ste-Baume
CHAÎNE DE LA STE-BEAUME
La Roquebrussanne
Le Luc
Besse-sur-Issole
M A U R E S
La Garde-Freinet
Ste-Maxime
Grimaud
St-Tropez
Cap de St-Tropez
Géménos
Signes
A 57
Cogolin
A 50
Cuers
Pierrefeu-du-Var
Collobrières
La Môle
Cavalaire-sur-Mer
Solliès-Pont
Le Beausset
St-Cyr-sur-Mer
La Farlède
La Valette-du-Var
Bormes-les-Mimosas
Cavalière
Le Canadel
La Londe-les-Maures
La Ciotat
Bandol
Ollioules
Toulon
La Grau
Le Lavandou
La Garde
Sanary-sur-Mer
A 570
Hyères
La Seyne-sur-Mer
Le Pradet
Carqueiranne
Six-Fours-les-Plages
St-Mandrier-sur-Mer
Giens
Cap Sicié
Presqu'île de Giens
La Tour-Fondue
Port-Cros
Île du Levant
Porquerolles
PARC NATIONAL DE PORT-CROS
Île de Port-Cros
Île de Porquerolles
Îles d' Hyères
Côte

PARC NATIONAL
DU MERCANTOUR
Col de Tende
1279
Tende
St-Martin-
Vésubie
ALPES-MARITIMES
Lantosque
Breil-
sur-Roya
ITALIE
Sainte-Agnès
Ventimiglia
Menton
La Turbie
Roquebrune-Cap-Martin
A 8
Èze
Monaco
Var
Beaulieu-
sur-Mer
Nice
St-Jean-
Cap-Ferrat
St-Laurent-du-Var
Cagnes-sur-Mer
Antibes
Juan-les-Pins
Cap d'Antibes
d'AZUR
MER
MÉDITERRANÉE
0
10 km

Sommaire

Introduction

C'est en longeant la côte d'ouest en est que la découverte des départements du Var et des Alpes-Maritimes peut débuter. De Saint-Cyr-sur-Mer, typique village de pêcheurs, à Menton, cité aux tonalités italiennes, ce parcours côtier où la route départementale frôle souvent la mer réserve mille et une surprises entre senteurs épicées des maquis et fraîcheurs des embruns : des plages ou des criques de sable ou de galets dont la couleur grise tranche admirablement avec celle de la grande bleue, des points de vue exceptionnels, des falaises calcaires ou des roches rouges flamboyantes, une végétation méditerranéenne variée avec palmiers majestueux, pins d'Alep ou pins parasols, oliviers centenaires et citronniers.

Sur le littoral, en période estivale, on plonge dans la vie trépidante locale avec ambiance jet-set du côté de Saint-Tropez, palaces luxueux à Cannes ou à Nice, villas de rêve à Antibes, shopping nocturne à Juan-les-Pins, sans oublier les stars et autres illustres personnages venus s'installer dans leurs villas cachées près de Gassin ou de Saint-Jean-Cap-Ferrat... L'heure est ici au véritable spectacle.

Loin de ce rythme trépident, il est des escapades incontournables au cœur de l'arrière-pays qui permettent de s'évader du béton et des paillettes pour un instant de calme sous le chant des cigales. Il convient alors de s'élancer sur les routes sinueuses, à l'ascension des montagnes, pour parvenir jusqu'aux villages perchés. Ces nids d'aigle ont su conserver leur caractère et leur authenticité. Dans ces cités médiévales construites dans la roche, souvent entourées de remparts et surplombant la mer couleur azur, on prend plaisir à découvrir, au détour de ruelles étroites, des fontaines, des voûtes et des légendes rattachées aux noms de placettes, d'impasses ou de ruelles. On peut y faire des rencontres insolites : artistes, artisans et villageois, véritables « mémoires » du village qui se font un plaisir à retracer l'histoire et à conter maintes anecdotes à qui sait les écouter.

➚ Des villages de Provence aux charmes tout particuliers.

➘ Sur les sentiers du littoral, des paysages tout en contrastes et en reliefs.

Pour les amoureux de la nature, il faut remonter davantage dans les terres, plus au nord, pour poursuivre son voyage et profiter des paysages fantastiques de falaises vertigineuses, de gorges, de canyons, de cascades, de lacs, de rivières, de forêts boisées et de plaines.
Enfin, si l'on se sent l'âme à voguer, il suffit de larguer les amarres et d'accoster sur les îles d'Or ou les îles de Lérins, véritables coins de paradis pour qui s'attache à respecter la nature et l'environnement pour un programme de randonnée, de plongée ou de farniente dans un décor de toute beauté où la faune et la flore sont préservées. Les îles sont un véritable enchantement. Sur Saint-Honorat, déambulez aux côtés des moines cisterciens livrant aux visiteurs quelques-uns des secrets de leur monastère et sur leurs activités.
Que l'on soit sportif ou non, la région est propice à s'adonner à de multiples activités : randonnée pédestre, escalade, canyoning, rafting, canoë-kayak, aviron, pêche, VTT, équitation, spéléologie et autres sports aériens. Autant de façons de découvrir des sites fabuleux.
Au gré de ce voyage, que ce soit sur le littoral ou dans l'arrière-pays, on trouve partout ces maisons aux couleurs ocre, aux toits en tuile, ces senteurs provençales et ce fantastique patchwork de couleurs éclatantes qu'offrent les bougainvillées, les lauriers, la lavande, ou autres mimosas selon la saison.
Un régal pour les sens.

⬆ Les fières roches rouges flamboyants de l'Estérel.

⬉ Sous les parasols, le temps s'écoule paisiblement.

⬇ A l'ombre des oliviers, laissez-vous bercer par le chant des cigales.

La côte varoise

de Saint-Cyr-sur-Mer à la corniche de l'Estérel

Avec un littoral de 430 km s'étirant d'un bout à l'autre du département où le soleil brille trois cents jours par an, le Var offre aux amoureux de soleil et de baignade ses étendues de plages et de criques que protège jalousement une succession de massifs forestiers.
Un sentier du littoral de 203 km s'étend de Saint-Cyr-sur-Mer à Saint-Raphaël.
Dans cet ouvrage, on s'élance à la découverte de ce département, de Saint-Cyr-sur-Mer à Agay, avant d'atteindre les Alpes-Maritimes en longeant la corniche de l'Estérel.
En période estivale, il faut prendre la route suffisamment tôt pour éviter les heures d'embouteillages côtiers occasionnés par le flot de vacanciers. Sinon, choisir le printemps, saison idéale, à l'heure où des myriades de fleurs reprennent chaque année leur droit de cité.

Saint-Cyr-sur-Mer

⬆ Le port de Bandol.

⬈ Le marché provençal de Bandol.

La station balnéaire de Saint-Cyr-sur-Mer compte trois ports : les Lecques, la Madrague et Alon. Ici débute le sentier du littoral. Visitez le musée de Tauroentum, construit sur les vestiges d'une villa romaine du Ier siècle.

Bandol

Bandol invite à la flânerie avec son port de plaisance jonché de pointus, ces bateaux de pêche locaux, son front de mer et sa succession de commerces le long des quais de l'Hôtel-de-Ville et Charles-de-Gaulle. Des personnages célèbres y séjournèrent : Marcel Pagnol, Louis Lumière, Mistinguett, Arthur Neville Chamberlain ou encore Raimu, dont la maison est devenue le restaurant La Kermoccote.

Il reste les vestiges du château, ancien fort. Près de l'hôtel de ville, visitez l'église Saint-François-de-Sales du XVIIIe siècle. Puis arrêtez-vous à la Maison des vins de Bandol ou dans l'une des nombreuses caves ouvertes à la dégustation. Le vin de Bandol a reçu l'appellation d'origine contrôlée (AOC) en 1941. Il se veut tannique, sa robe rouge sombre et ses arômes de fruits rouges doublés de vanille ont fait la réputation de ce terroir d'exception. Au cours du XIXe siècle, on produisait ici près de huit mille barriques par an. Grimpez ensuite jusqu'au Beausset-Vieux, où la vue sur le vignoble est imprenable.

⬇ Face à Bandol, à dix minutes du continent, découvrez la minuscule île de Bendor.

Ile de Bendor

Cette petite île a été achetée, dans les années 1950, par Paul Ricard, le célèbre inventeur du pastis et homme d'affaires. Aujourd'hui, elle appartient à la Fondation océanographique qui porte son nom. Ne manquez pas l'Exposition universelle de vins et de spiritueux. Elle renferme huit mille bouteilles du monde entier.

Sanary-sur-Mer

SANARY-SUR-MER est un authentique et séduisant port de pêche provençal avec ses pointus et ses pêcheurs professionnels qui ramènent chaque matin leurs poissons, aussitôt vendus sur les quais. Mais le grand marché provençal du mercredi matin reste, sans conteste, le joyau de la commune.
Pour avoir une superbe vue panoramique de la ville et de ses environs, il faut gravir les marches étroites de la tour romane qui abrite aujourd'hui le musée Frédéric-Dumas. Du haut de ses 21,50 m et de ses 8 m de large, la tour est le plus illustre des monuments sanaryens. Elle fut bâtie fin XIIIe, début XIVe siècle.
L'économie du village a longtemps porté sur les activités liées à la mer et à l'agriculture provençale : vignes et oliviers. Michel Pacha, alors maire de Sanary, transforma la cité en station balnéaire. On lui doit une floraison de villas à l'architecture orientale et l'église Saint-Nazaire.
Dans les années 1930, un grand nombre d'intellectuels allemands et autrichiens ayant fui le régime nazi se sont réfugiés à Sanary. Parmi les plus célèbres, on compte Thomas Mann, Alma Mahler, Werner Herzog et Ernst Bloch. Le Commandant Cousteau vécut également dans le village.

↓ Le charmant et pittoresque petit port de pêche de Sanary-sur-Mer est une escale très appréciée.

↑ Sur le port, les pêcheurs ramènent, chaque matin, leurs poissons.

Ile des Embiez

🡅 L'île des Embiez, sauvage et préservée.

🡆 Difficiles d'accès, les criques assurent calme et sérénité.

En direction de Six-Fours-les-Plages, rejoindre le port du Brusc par la D 616 jusqu'à l'embarcadère des Embiez sur le quai Saint-Pierre. On peut garer sa voiture sur le parking gratuit de la citadelle à deux pas de là. En douze minutes, on atteint ce joyau posé sur la Grande Bleue.
Comme Bendor, l'île des Embiez appartient à la Fondation océanographique Paul-Ricard.
Ce dernier l'a achetée en 1958. À son île, Paul Ricard a donné des noms de rues de célèbres scientifiques, parmi lesquels figurent Louis Pasteur et Nicolas Copernic.
La circulation y est interdite et l'on peut découvrir ce joli coin sauvage à pied, à vélo, en trottinette électrique à louer sur place ou en petit train. Autour du port se rassemblent commerces, bars, restaurants et grosses constructions tandis que le reste de l'île, entretenu, est resté à l'état sauvage.
On y trouve une flore typique du milieu insulaire méditerranéen : pins, cyprès, romarins, cistes et autres espèces protégées. De ses vignes, l'île produit son propre vin.
Cette île de 92 ha et de 6 km de circonférence compte une quinzaine d'habitants à l'année.
On y trouve une arène où sont organisées des ferias et la Fondation Paul-Ricard avec son musée-aquarium dans le fort Saint-Pierre. Des jardins aquatiques ont été créés dans les anciens salins où, en hiver et au printemps, on peut admirer les oiseaux migrateurs : cormorans, flamants roses, hérons cendrés ou aigrettes. Depuis 2001, l'île est classée refuge LPO (Ligue de protection des oiseaux).
L'île des Embiez offre une multitude de criques difficiles d'accès, sauf à l'ouest, comme la plage des Allemands, idéale pour les poussettes. Enfin, au sud-ouest, sur la pointe du Concoussa, repose, depuis 1997, Paul Ricard, face à la mer et à son circuit du Castellet.

🡇 Du continent, on aperçoit l'archipel des Embiez. Outre l'île du même nom, il comprend les îles de la Tour Fondue, du Grand Rouveau, du Petit et du Grand Gaou.

LA FONDATION OCÉANOGRAPHIQUE PAUL-RICARD

Homme de mer, Paul Ricard avait une devise : « Connaître et protéger la mer. » Ce Provençal, profondément attaché à ses racines, s'est battu pour protéger la nature. En 1966, il créa l'Observatoire de la mer qui devint, en 1991, la Fondation océanographique, pour lutter contre la pollution marine de l'époque : le rejet de « boues rouges » en Méditerranée. Aujourd'hui, la Fondation informe et sensibilise le public à la protection de la mer.

La Fondation océanographique est aussi un centre de recherches sur l'environnement marin local. Les scientifiques y développent des programmes d'études dans les domaines de la microbiologie et de la préservation de la diversité biologique comme le mérou et la grande nacre.

Sur l'île des Embiez, le musée-aquarium Paul-Ricard présente un large panorama de la flore méditerranéenne occidentale. Il renferme vingt-sept bacs, 28 000 litres d'eau de mer et une centaine d'espèces.

Ile du Gaou

De l'embarcadère des Embiez, longez la mer par la D 16 jusqu'au parking de l'île du Gaou. Nombreux sont ceux qui passent à côté de ce ravissant site où règne une atmosphère calme et reposante, surtout au coucher du soleil hors période estivale. Il y a deux Gaou : le petit et le grand. Une passerelle en bois relie le continent au Petit Gaou, au sud duquel la seconde passerelle mène au Grand Gaou. Jusque dans les années 1950, ce lieu était peu fréquenté car difficile d'accès. Seuls les pêcheurs venaient y faire sécher leurs filets. Puis victime de son succès, il a ensuite été largement dégradé. Mais grâce aux efforts de la municipalité, il est aujourd'hui classé « Natura 2000 » par l'Europe pour la préservation des écosystèmes et de la biodiversité. On y découvre une pinède méditerranéenne, une zone lagunaire, alluviale et sablonneuse qui rappelle la Camargue, des jardins, une zone de maquis et, au sud, au détroit du Grand Gaou, des criques rocheuses face à l'île des Embiez.

Chaque année, des concerts sont organisés sur l'île dans le cadre du festival « Les Voix du Gaou ».

Le « petit Chicago », ancien quartier « chaud » de Toulon.

A l'entrée de la mairie, cet atlante représente la devise de la ville : « Concordia parva crescunt »,« L'union fait la force ».

Les façades rappellent le Toulon de la Belle Epoque.

Sur le carré du port, le génie de la navigation de Louis-Joseph Daumas désigne, bras levé, la mer. De par sa disposition, il est surnommé par les Toulonnais « Cuverville ».

Autrefois appelée ville des fontaines, Toulon n'en conserve aujourd'hui plus qu'une trentaine.

Couleurs et senteurs se partagent le marché du cours Lafayette.

Toulon

L'entrée dans Toulon est surprenante si l'on arrive par l'autoroute, car celle-ci débouche directement dans le centre-ville. Deuxième port militaire français après Brest, Toulon n'est certes pas, au premier abord, une ville très attirante avec ses affreuses constructions de l'après-guerre. Pourtant, quand on s'y attarde, la ville réserve de belles surprises aux amateurs de patrimoine bâti. Elle rappelle le Toulon de la Belle Epoque.

Dans la vieille ville, appelée aussi « Basse Ville », qui s'articule autour de la rue commerçante d'Alger, il faut se perdre dans les ruelles étroites et entrelacées qui se protègent du mistral pour y découvrir la place Puget et sa fontaine du XVIIIe siècle. Sur plus de deux cents fontaines que comptait jadis la ville, il n'en reste plus qu'une cinquantaine. Rejoignez, au nord, la Haute Ville et son quartier haussmannien, clair et aéré, avec son opéra place Victor-Hugo, sa place de la Liberté aux terrasses de cafés à l'ombre des platanes et des palmiers et ses nombreux immeubles bourgeois.

La ville offre un large choix de musées : le musée de Toulon et du Vieux Toulon, de la Marine et du Débarquement en Provence. Au Centre d'archéologie et de plongée sous-marine, on découvre les trésors remontés de la rade.

Une rade prestigieuse dont il faut faire le tour en bateau lors d'une visite commentée pour y découvrir l'arsenal militaire de la Marine nationale, avec ses sous-marins, ses porte-avions – le *Clemenceau* et son successeur, le *Charles-de-Gaulle* –, ses bateaux espions et autres chasseurs de mines. Vous longerez le cimetière marin et le bagne de Toulon où des milliers de forçats furent détenus jusqu'en 1873. Victor Hugo le visita en 1839 et, dans son roman *Les Misérables*, en fit s'évader Jean Valjean, son héros imaginaire.

Place Raimu, du nom du célèbre comédien né à Toulon en 1883, on peut s'attabler avec César et Panisse, les joueurs de cartes. La scène est tirée du film « Marius », de Marcel Pagnol.

Sur le cours Lafayette se tient, chaque matin, le marché de Provence, évoqué dans la chanson de Gilbert Bécaud, natif de Toulon. C'est une véritable symphonie de couleurs et de saveurs. Parmi les produits régionaux, on trouve des épices, un large panel d'olives et la cade, cette spécialité toulonnaise importée au XIXe siècle par les femmes italiennes. C'est une galette à base de farine de pois chiche cuite au four. Sucrée ou salée, elle se consomme nature ou s'accompagne selon ses goûts d'olives, d'oignons, d'anchois... Dans les rues, les Italiennes vendaient leur cade dans un large plateau en cuivre posé sur la hanche en criant : « Caldo ! Caldo ! » pour « Chaud ! Chaud ! », d'où le nom actuel de cade. Sur le marché, il faut trouver Dédé. De génération en génération, son activité se transmet de père en fils. Il promène, dans sa carriole, sa cade toute chaude qu'il vend à la part.
Visitez la cathédrale Sainte-Marie et les églises Saint-François-de-Paul et Saint-Louis.
Par la route ou en téléphérique, montez au mont Faron qui culmine à 542 m d'altitude. La vue y est imprenable. Elle donne sur la rade que l'on dit être la plus belle d'Europe. On comprend ici pourquoi.

L'ARSENAL DE TOULON

Véritable « ville dans la ville », l'arsenal s'étend sur 268 ha, 10 km de quais, 30 km de routes. Il abrite une trentaine de bâtiments de la Force d'action navale : frégate, aviso, lance-missiles, sous-marins et porte-avions. Son système de défense fut, en 1679, amélioré par Vauban.

Du mont Faron, profitez du panorama exceptionnel sur la rade de Toulon.

LE DÉBARQUEMENT DE PROVENCE

Après le débarquement du 6 juin 1944 sur les côtes normandes, l'opération « Dragoon » est lancée sur les côtes de Provence, le 15 août 1944. Dans la nuit du 14 au 15, la viie armée américaine du général Patch, qui comprend les forces françaises commandées par le général de Lattre de Tassigny, arrive en vue des côtes. Vers minuit, les rangers américains prennent pied dans les îles du Levant, tandis que les premiers commandos français s'emparent du cap Nègre.

Plus de cinq mille parachutistes alliés sont ensuite largués au-dessus de la vallée de l'Argens. À l'aube, un bombardement aérien et naval écrase les batteries allemandes et plusieurs divisions d'infanterie américaines se lancent sur les plages côtières entre Cavalaire et Saint-Raphaël.

Le 16 août, les forces françaises débarquent et les forces américaines remontent vers la Durance et la vallée du Rhône. L'armée française s'attaque alors à Toulon et Marseille. Commandos de choc, Français libres, Algériens, « Marsouins » de la Coloniale et Sénégalais, se mobilisent. Le 28 août, la garnison allemande rend les armes.

La Garde-de-Toulon

Il est agréable de se promener dans le vieux village de La Garde, à travers les rues pittoresques jusqu'au sommet du rocher que poètes et rêveurs qualifient de « *morceau d'étoile tombé du ciel* ». De l'église de la Nativité du XVIIIe siècle, place Eugène-Blanc, empruntez la rue du Docteur-Baissade, dit le « *médecin des pauvres* », célèbre pour son baume antidouleur, passez devant la porte du Bon-Puits que les Gardéens empruntaient pour chercher de l'eau aux puits communaux en dehors du village. Rue de l'Horloge, la tour, construite en 1777, est adossée aux remparts. Vous atteindrez enfin le sommet du rocher que se partagent la tour ronde, vestige de l'ancien château érigé en 1100, et la chapelle romane du XIIe siècle.

Au sommet du village, on aperçoit la tour de 1777 adossée aux remparts.

Hyères

En s'éloignant à peine du littoral, on arrive à Hyères. La vieille ville est pleine de charmes, même si, au pied de cette cité médiévale, les pavés d'époque ont été remplacés par d'autres, plus modernes, plus larges, plus brillants, mais surtout très glissants par temps de pluie. Passé la porte Massillon, la ville a conservé ses vieux pavés d'antan et son caractère.
Des maisons construites dans la roche exposent leurs jardinières, le linge est suspendu aux fenêtres, des portes, aujourd'hui murées, attisent la curiosité, sans compter des escaliers en pierre, des remparts encore visibles, des habitations romanes et des jardins privés avec orangers et bananiers.
Dans le haut de la ville, l'eau potable n'existe pas car il n'y a pas de source. Seules des citernes de récupération d'eau d'infiltration permettent aux habitants de la récupérer dans le puits de leur cave. Rue du Puits, le libraire du moulin de Conte pourra vous montrer l'ancien et le seul puits public du village, place l'Oustaourou, qui se trouve aujourd'hui dans une aile de son établissement.
Près de l'église Saint-Paul, un petit pont suspendu, envahi de glycines, rejoint une demeure. Le passage était emprunté par les sœurs après leurs prières.
Par la montée Noailles, rejoignez le parc Saint-Bernard, conçu avec des essences exotiques et méditerranéennes rares. Il offre un panorama fantastique sur toute la ville, la rade et les îles d'Or. À deux pas, la villa Noailles du XXe siècle, une œuvre de l'architecte Mallet-Stevens, et le jardin triangulaire de Guévrékian avec son concept cubiste raviront les amoureux d'architecture des années 1930. Poussez jusqu'aux ruines du château des XIe et XIIIe siècles pour admirer encore le panorama et redescendre au pied de la tour des Templiers, sur la place Massillon où se rassemblent les restaurants.

L'appellation « Côte d'Azur » est née à Hyères. Elle a été prononcée en 1887 par Stéphen Liégeard, un riche vigneron de Dijon, sous-préfet, député de la Moselle et homme de lettres, alors qu'il y découvrait la mer.

Photo Hervé Champollion

▲ A Hyères, les ruelles médiévales, étroites et escarpées, grimpent à l'assaut des collines. Perchés sur les hauteurs, au-dessus de la vieille ville, attardez-vous un moment à contempler le panorama.

▼ Au début du siècle dernier, la petite cité s'imposa capitale des palmiers.

Photo Hervé Champollion

Giens et sa presqu'île

↑ La presqu'île de Giens réserve de belles promenades aux amoureux de la nature.

On rallie ensuite la presqu'île de Giens par la D 97. Cette ancienne île de 6 km de long comptait parmi les îles d'Hyères. Elle est, aujourd'hui, reliée au continent par deux langues de sable édifiées par les courants marins et ceux des fleuves. Au fil du temps, la nature a ainsi formé ce double tombolo. L'un, à l'est, avoisine les 200 m de large et l'autre, à l'ouest, où passe la route du sel, en compte à peine 50. De novembre à avril, cette route est fermée à la circulation pour la préserver. La D 97 longe les marais salants et l'étang des Pesquiers. Jusqu'en 1984, on y ramassait encore le sel. Lors d'une visite guidée en période migratoire, contemplez de l'observatoire les colonies de flamants roses, d'aigrettes et de hérons.

Pour une balade sportive de cinq heures et demie, partez sur les 12,5 km de sentiers balisés du littoral, du port de la Madrague à la plage de la Badine. Par endroits, il frôle la mer, grimpe dans les collines, redescend sur les criques et escalade les falaises bordées d'une forêt de pins d'Alep et de chênes verts. La face sud de la presqu'île est très escarpée et les criques, au nord, sont plus accessibles. Le site présente de très belles plages : la Capte, la Bergerie et l'Almanarre.

Au sommet du village de Giens, une petite halte dans le square Bachagha-Boualam, près des ruines du château, permet de profiter du point de vue sur la presqu'île, Toulon et l'île de Porquerolles.

Ne manquez pas également le charmant port de pêche du Niel.

Le Lavandou

Le doux nom de « Lavandou » ne provient pas de lavande, comme on pourrait le croire, mais serait plutôt synonyme de « lavoir », probablement du lavoir du village. Aujourd'hui très apprécié pour ses douze plages de sables différents qui lui valent son nom de « station aux douze sables », Le Lavandou est le lieu d'embarquement principal pour l'île de Port-Cros.

Cavalaire-sur-Mer

Du Lavandou, on arrive à Cavalaire-sur-Mer par la D 559, une belle route en lacets qui surplombe la mer. Au fil de l'histoire, la ville a été fortifiée. Le comte de Provence, Guillaume Ier, construisit sur le cap Cavalaire une tour de guet, puis les comtes de Grimaud ajoutèrent des fortifications. Mais celles-ci ont été détruites en 1646 et il ne reste plus que les vestiges de la tour. Au XVIIIe siècle, Cavalaire-sur-Mer devint un petit hameau de pêcheurs. Et ce n'est qu'au début du siècle dernier que la ville a pris sa vocation touristique. Aristide Briand, Marie Curie y séjournèrent, ainsi que François Spoerry, le grand architecte créateur de Port-Grimaud et de Port Liberté à New York.

⬆ Blottie au pied de la colline des Pradels, la station balnéaire de Cavalaire abrite un vaste port de plaisance et 4 km de plages qui s'étirent de celle du centre-ville à la plage de Pardigon.

⬇ La Croix-Valmer et ses terrasses en bord de mer.

Photo Hervé Ronné

Photo Hervé Ronné

⬅ Le village de Ramatuelle.

Saint-Tropez

↑ Jeux d'ombres et de lumières sur le mythique Saint-Tropez.

↓ Joyau du patrimoine tropézien, le vieux port a concentré, durant des siècles, l'essentiel de l'activité économique de la ville. Aujourd'hui on s'y bouscule devant les innombrables yachts.

Il est loin le temps où il faisait bon vivre dans ce petit port de pêche, à l'abri des regards, qui enchanta bon nombre de peintres et d'écrivains. Néanmoins, en mai, en septembre et plus largement en basse saison, il retrouve un peu de son charme et de son caractère d'antan, au grand bonheur de ses habitants. Mais en période estivale, dans les rues bondées de Saint-Tropez, c'est le spectacle assuré. Véritable royaume du paraître où chacun semble en représentation permanente dans une totale exubérance. Voitures luxueuses, tenues excentriques, provocantes ou sexy, ici, tout est permis. A bord des yachts du vieux port, le champagne coule à flots, c'est à qui mieux mieux, face aux hordes de touristes à la recherche de célébrités, tandis que dans les rues commerçantes, les « fashionatas » et stars du show-biz s'arrachent le dernier article à la mode qui fait un carton à Hollywood. Quai Jean-Jaurès, ça se bouscule au célèbre café Sénéquier ou au restaurant Le Gorille, où Brigitte Bardot venait manger son habituel croque-monsieur. Bien sûr, on y croise le prince Albert de Monaco aux Caves du Roy, la discothèque mythique, Emmanuel de Brantes, l'un des chefs de file officiels de la jet-set sur la terrasse du Café de Paris, la très discrète Charlotte Gainsbourg à la Maison Blanche, ou encore Johnny Hallyday, George Michael, Henri Leconte, Giorgio Armani, Puff Daddy, Gérard Depardieu et de richissimes hommes d'affaires.

Heureusement, on peut s'éloigner et flâner au cœur d'agréables ruelles, moins encombrées, jusqu'à la citadelle, puis passer devant la gendarmerie de l'avenue du Général-Leclerc, immortalisée dans la série « Les Gendarmes de Saint-Tropez ».
Pour finir, il faut s'arrêter sur l'incontournable place des Lices, à l'ombre des platanes où les Tropéziens d'origine se disputent les parties de pétanque. On y rencontre Jean, Marcel, Ulysse et les autres, cette bande de copains, « mémoires » de la cité. Dans leur franc-parler provençal, s'ils vous prennent en amitié, ils vous livreront d'innombrables anecdotes sur le Saint-Trop'de BB, de Colette, de Françoise Sagan, de Sartre et de Paul Signac. Ils vous conteront ces parties de pétanque partagées avec Pompidou, John Travolta, Henri Salvador ou Lino Ventura, avec lequel les paris frôlaient les trois millions de francs de l'époque. Une époque aujourd'hui révolue.
Le musée de l'Annonciade présente une vingtaine de toiles de notoriété internationale. Il rappelle que le village de Saint-Tropez a été l'un des foyers les plus actifs de l'avant-garde picturale au début du XXe siècle. En 1892, à bord de son yacht l'*Olympia*, l'artiste Paul Signac découvrit le petit port de pêcheurs et fut séduit par le pays. Il s'y établit et installa son atelier, La Hune, dans sa demeure où il reçut de nombreux peintres : Henri Matisse, André Derain, Henri Cross…, dont les toiles sont exposées au musée de l'Annonciade. Tous furent saisis par la qualité de lumière de la région.

LES PLAGES

Anses, baies et caps sculptent le rivage de la presqu'île et du golfe de Saint-Tropez. Les plages y sont très belles, comme celle des Graniers, celle des Canebiers ou, dans la baie de Pampelone, la plage du même nom et la plage de Tahiti. Même si, là encore, le gratin de la jet-set s'y réunit dans les clubs privés équipés de pistes de danse et où l'on se douche au champagne.

La plage de l'Escalet.

Port-Grimaud

On quitte Saint-Tropez par la D 98 en direction de Sainte-Maxime. En chemin, à 7 km, Port-Grimaud mérite qu'on s'y attarde. Vous pénétrez ici dans une copropriété privée qui dépend de la commune de Grimaud. On y entre à pied. Passé les portes fortifiées, il suffit de se perdre dans les ruelles pour profiter de ce décor original où le prix du mètre carré avoisine les huit mille euros. La plupart des maisons possèdent leur anneau où les propriétaires-plaisanciers attachent leur bateau.

Photo Hervé Boulé

En 1962, la cité n'était encore qu'un vaste marécage de 100 ha lorsque François Spoerry, un architecte urbaniste alsacien, le découvre. Il eut alors cette idée folle d'y construire un village, malgré l'instabilité des fonds. Des travées en fer sont profondément enfoncées dans le sol, on construit des ponts sur la terre ferme et l'on creuse des canaux. Les presqu'îles, sur lesquelles s'élèvent les habitations, sont délimitées et emprisonnées dans une muraille d'acier pour retenir et stabiliser la terre. Enfin, il suffisait de laisser la mer entrer naturellement par les canaux et le tour était joué. Aujourd'hui, Port-Grimaud abrite deux mille cinq cents maisons aux couleurs toutes différentes et compte près de deux cents habitants à l'année et dix mille en saison estivale. Avec ses 7 km de voies navigables de 4 m de profondeur bordées par 12 km de quai, il peut accueillir trois mille bateaux.

Place du Marché, vous pourrez louer des barques électriques ou embarquer à bord de coches d'eau. Si vous interrogez les cochers, ils se feront un plaisir de vous retracer cette histoire et vous montrer ce minuscule îlot avec roseaux et pins, unique témoin des anciens marécages.

↑ Avec ses canaux, ses ponts, ses ruelles et ses petites maisons de pêcheurs aux façades colorées, Port-Grimaud se fait appeler la « Venise provençale ».

↓ Dominant le port, l'église se dresse au cœur du village. Elle abrite le tombeau de François Spoerry, architecte et créateur de la cité.

↓ De passerelles en ponts vénitiens enjambant les canaux, Port-Grimaud peut se découvrir à pied, mais aussi en coches d'eau.

© Lagrange / Photothèque Wallis

Sainte-Maxime

On rejoint ensuite Sainte-Maxime par la N 98, après avoir essuyé les éternels embouteillages à l'entrée de la ville. Située de l'autre côté du golfe de Saint-Tropez, cette station balnéaire et familiale présente 6 km de plages. La plage des Eléphants a été rendue célèbre par la bande dessinée *Voyage de Babar*, de Jean de Brunhoff, lequel séjourna dans la cité. La grande plage de la Nartelle est un régal pour les bambins avec ses nombreux jeux.

À Sainte-Maxime, il est agréable de longer le bord de mer sur la promenade, à l'ombre des palmiers et des platanes, de visiter le parc botanique des Myrtes et de monter au sémaphore. Au nord de l'avenue du Débarquement, se trouve un golf de dix-huit trous aménagé sur 65 ha de collines et de vallons. Un bonheur pour les adeptes des greens et des fairways.

Puis déambulez dans les petites ruelles pavées de la vieille ville, rues Gambetta, Courbet, Paul-Bert, d'Alsace, Hoche ou place du Marché. Sur le port, la tour carrée abrite le musée des Maintenances et des Traditions locales, tandis qu'à 10 km de là se trouve le musée du Phonographe et de la Musique mécanique à Saint-Donat.

Face à Saint-Tropez, la station balnéaire de Sainte-Maxime.

Le long de la promenade, les plages se succèdent.

A deux pas de Sainte-Maxime, aux Issambres, calanques et plages encore sauvages et préservées se partagent 8 km de côte.

Les Issambres

Si l'on continue à longer la côte vers l'est, on arrive aux Issambres, cette partie du littoral qui dépend de la commune de Roquebrune-sur-Argens. De la pointe de l'Arpillon, le sentier du littoral mènera les randonneurs en trois heures et dix minutes jusqu'au port de Saint-Aygulf, à 11,6 km, en passant par de nombreuses calanques.

Saint-Aygulf

Le long du littoral, à Saint-Aygulf, quartier de Fréjus, vous découvrirez la plage aux deux cents palmiers. Seul problème, en haute saison, la difficulté de trouver une place de stationnement, que ce soit sur les parkings privés ou le long de la route. Des kilomètres de voitures stationnées défient les kilomètres de plage. A défaut de places, une escapade au parc exotique Areca vous fera décompresser à l'ombre d'étonnantes espèces de palmiers du monde entier ou sous une pinède s'ouvrant sur un belvédère.

➧ De Saint-Aygulf, en direction de Saint-Tropez, les étangs de Villepey réservent un étonnant spectacle à tous les amateurs de nature sauvage.

➧ L'immense et majestueuse plage aux deux cents palmiers.

Fréjus

Photo Hervé Champollion

La ville aurait été fondée par Jules César en 49. Elle s'est tout d'abord appelée « Forum Julii » – qui signifie « Marché de Jules ». Fréjus était le premier port militaire de la Méditerranée romaine.
Avec son patrimoine antique, romain et médiéval, la ville offre aux visiteurs ses nombreux vestiges. On découvre notamment des arènes, un aqueduc, des nécropoles, un théâtre, des portes, remparts et bien d'autres curiosités au parc Aurélien ou au Musée archéologique.
La cité fut, dès 374, le siège d'un évêché. La vieille ville abrite les vestiges d'une forteresse dont il ne reste qu'un fragment de rempart, le logis de l'évêque et la cathédrale. On visitera le groupe épiscopal et les chapelles. La villa Marie promet aussi une halte agréable.
Il faut ensuite s'arrêter à la chapelle Notre-Dame-de-Jérusalem, conçue par Jean Cocteau dès 1961, et à la mosquée soudanaise ou Missiri de Djenné, route des Combattants-d'Afrique-du-Nord. Achevée en 1930, elle est la réplique de la mosquée de Djenné au Mali. Sous les pins parasols, des cases africaines et des termitières en béton donnent plus de réalité à ce lieu.
La pagode Hong-Hien mérite aussi qu'on s'y attarde. Elle a été édifiée en 1917 pour les militaires vietnamiens venus combattre aux côtés des soldats français pendant la guerre de 1914-1918. Animaux sacrés, statues imposantes, dont le plus grand bouddha couché d'Europe, ornent le parc de ce lieu de culte. Des offices religieux y sont encore célébrés.
Visitez le musée des Troupes de marine, le Mémorial des guerres en Indochine, le Mémorial de l'Armée noire et la villa Gallieni.
Pour des envies de promenade, la base nature étend ses 120 ha au cœur de la ville, avec piscine ouverte sur la mer et ses parcours santé pour tous. Quant aux aventuriers, ils se risqueront à pénétrer en voiture au zoo-safari au milieu de rhinocéros, tigres, girafes et autres buffles.

↑ Construites au 1er siècle après J.-C., les arènes de Fréjus accueillaient des combats de gladiateurs et des chasses de bêtes fauves. Aujourd'hui deux corridas s'y déroulent chaque année.

↙ Au cœur de la vieille ville médiévale, le groupe épiscopal se compose d'un baptistère, d'une cathédrale, d'un cloître canonial, de maisons et du palais épiscopal.

↓ De la cour du palais épiscopal, on découvre la tour carrée et crénelée du XVe siècle.

Saint-Raphaël

⬆ Saint-Raphaël, vu de la mer.

⬇ Station balnéaire réputée, Saint-Raphaël doit sa renommée à Félix Martin, ingénieur des ponts et chaussées, et à l'écrivain Alphonse Karr.

De Fréjus, on entre aussitôt à Saint-Raphaël. Le petit village de pêcheurs, construit au pied du vieux port, s'est métamorphosé en ville touristique à la fin du XIXe siècle, avec l'installation d'une ligne de chemin de fer en 1864. Pendant les Années folles, le tourisme hivernal, et surtout mondain, s'est considérablement développé. Puis, dans les années 1930, Saint-Raphaël s'est ouvert au tourisme de masse auquel bon nombre de palaces n'ont pas survécu car ils ont été transformés. Un quartier de luxe, Valescure, subsiste cependant, au nord de la vieille ville, au pied de l'Estérel. Il faut guider ses pas jusque dans les ruelles de la vieille ville pour y observer ce qu'il reste des remparts, visiter l'église Saint-Pierre, la villa Magali et le Musée archéologique.

Des personnages célèbres séjournèrent dans la cité. On compte parmi eux Bonaparte, Scott Fitzgerald, Stéphen Liégeard, qui inventa l'expression « Côte d'Azur », Picasso ou encore Charles Gounod, auteur d'opéras à qui l'on doit *Roméo et Juliette* et *La Damnation de Faust*, dans sa villa L'Oustalet du Capelan. Michaël Schumacher, le pilote de Formule 1, et M. Lacoste y demeureraient encore aujourd'hui.

La corniche de l'Estérel

Longez la corniche de l'Estérel. Appelée aussi corniche d'Or, elle dévoile majestueusement ses richesses géologiques. Le port du Poussaï étale ses cendres volcaniques, appelées cinérites, de couleurs vertes et rouges surmontées d'imposantes rhyolites (roches volcaniques). À noter, au large de ce petit port, l'île d'Or. Elle aurait inspiré Hergé pour son célèbre épisode *Tintin et l'île Noire*. Puis le paysage géologique change. Des roches rouges flamboyantes découpent la mer et renferment de petites plages, criques et calanques. Tantôt une rhyolitoïde rouge à prismes, tantôt des grès permiens rouges parfois recouverts de basaltes foncés, ou encore des galets de porphyre ou l'estérellite bleue du Dramont plongent dans la mer.
Dans les années 1960, la région comptait près de cent cinquante carrières. Peu rentables, elles ont cessé leur activité. À Paris, les pavés du Quartier latin ont été réalisés avec le porphyre gris d'une ancienne carrière du Dramont, devenue aujourd'hui un lac d'eau douce.
On ne se lasse pas d'admirer ce paysage insolite où toute construction est interdite sur environ 10 km. Le long de la route, les points de vue ne manquent pas. Au coucher du soleil, c'est un total ravissement.

↖ La Corniche d'Or et ses étonnantes variations de couleurs.

↑ Les roches rouges flamboyantes se jettent sans retenue dans la grande bleue.

↓ Agay, le rubis de la Côte d'Azur.

Agay

Ce n'est pas un hasard si l'écrivain suisse Albert Cohen, familier des lieux, dans son célèbre roman *Belle du Seigneur*, installa ses deux héros à Agay, dans une villa au doux nom de Belle de Mai, adossée à une petite pinède, tout près de la plage de la Baumette, le long de cette splendide corniche d'Or.
Et ce n'est pas non plus un hasard si Antoine de Saint-Exupéry y séjourna régulièrement. Un musée à sa mémoire a été ouvert au phare de la Baumette. Les descendants de l'écrivain-aviateur y vivraient encore.

Les villages perchés *du Var*

Le temps est venu de se retirer dans les collines et les montagnes de l'arrière-pays, à deux pas du littoral mais déjà loin de la foule. Les yeux rivés sur les hauteurs, on aperçoit ces villages pittoresques perchés en nid d'aigle ou accrochés sur les pentes, tendant vers le ciel leurs tuiles orangées.

Les routes en lacets mènent les visiteurs en quête d'authenticité jusqu'au cœur de ces cités médiévales. On vient y chercher un peu de quiétude, écouter le chant des cigales, murmurer les fontaines et découvrir de belles histoires à l'ombre des vieilles pierres.

On apprend alors qu'au Moyen Age ces villages se sont ainsi perchés pour se protéger des agressions des pillards et autres envahisseurs. Surmontés d'un château ou d'une église et entourés de remparts, ils étaient bâtis avec les pierres de la colline et se confondaient alors au rocher qui les supportait.

Aux détours de placettes ombragées et de ruelles pavées, étroites et escarpées, on retrouve de nombreux vestiges d'un passé riche et tumultueux.

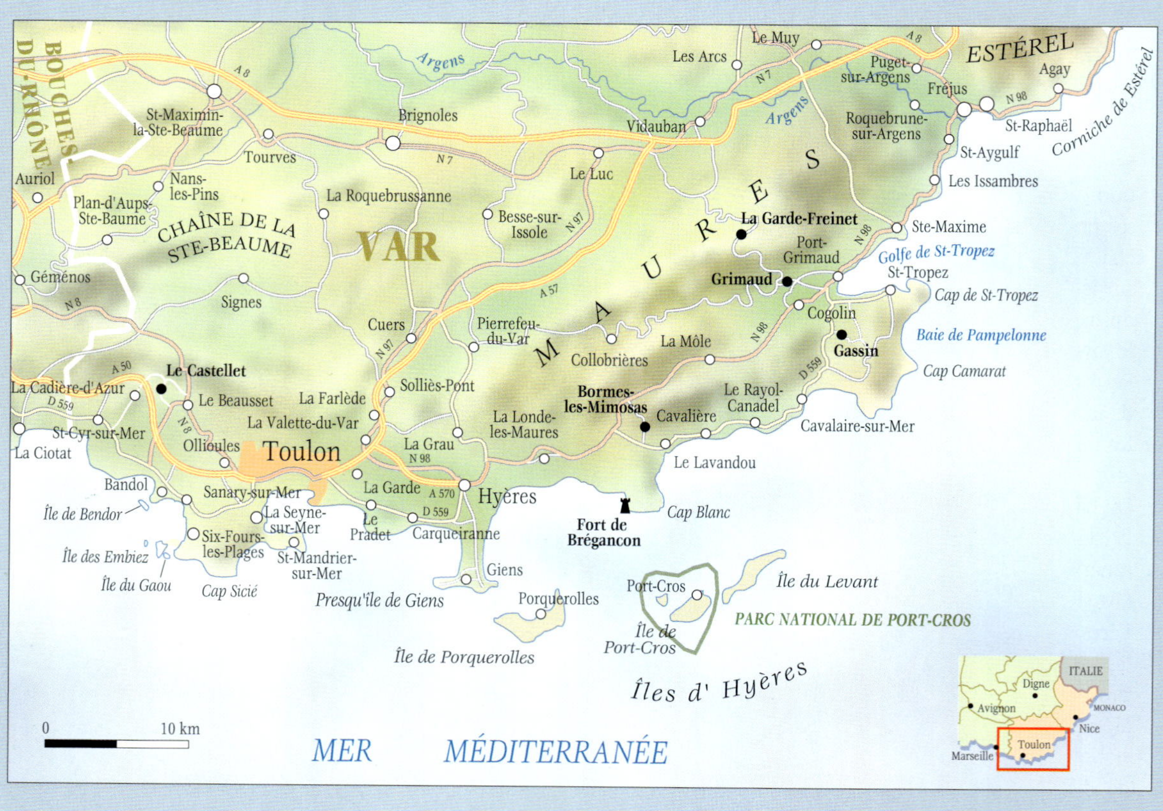

Le Castellet

⬆ Le village du Castellet s'agrippe à un piton boisé resserrant ses maisons au-delà de deux portes fortifiées.

SUIVRE LA N 559 pour atteindre ce charmant village médiéval, cerné de remparts, situé à 300 m d'altitude. La commune du Castellet comprend aussi Le Brulat, Le Plan et Sainte-Anne-du-Castellet. On pénètre dans le village au sud par le Grand Portail à l'allure défensive ou à l'est par le Portalet. Tout n'est ici qu'invitation à la flânerie. On arpente les petites rues jusqu'à grimper place du Champ-de-Bataille où s'élève le château seigneurial du XVe siècle qui abrite l'hôtel de ville et l'église Saint-Clair. Ici, les remparts s'ouvrent en poterne sur un panorama exceptionnel.
En période estivale, de nombreux artisans présentent leurs produits : tissage, poterie, peinture, sculpture sur bois d'olivier, travail du cuir, fabrication de bougies ou de parfums. Les échoppes présentent leurs lots de souvenirs : cigales en céramique dont le chant se confond parfois avec leurs réelles homologues ailées, savons ou bougies arborant l'écusson du pays. Quelques places ombragées invitent enfin au repos dans la contemplation des pierres, des façades, des portes et fenêtres aux couleurs pastel, puis l'on reprend ses pas rue Douce, rue de l'Aube, rue Tricot ou place du Jeu-de-Paume.
Dans ce décor, Marcel Pagnol y tourna *La Femme du boulanger* avec Raimu en 1938 dans le bar de la Tante Marie, devenue une boulangerie.
On peut aussi dîner au Castel Lumière, rue Douce. Cet hôtel-restaurant fut la demeure des frères Lumière. Enfin, rejoignez la chapelle du Beausset-Vieux pour y admirer le panorama.

➧ Le village médiéval doit sa survie au tourisme. En période estivale, il se donne des airs de « petit Montmartre », racontent les visiteurs.

Bormes-les-Mimosas

Photo Hervé Ronné

Voilà une étape incontournable pour les amoureux de vieilles pierres et les passionnés d'histoire. La cité, au patrimoine du XIIe siècle, est référencée parmi les plus beaux sites de France. A compter du XIIIe siècle, le village connaît cinq dynasties de seigneurs, dont les puissants comtes de Provence. Ce n'est qu'en 1968 que Bormes devint Bormes-les-Mimosas.
En découvrant le village, de décembre à février, on comprend vite pourquoi. C'est la pleine période de floraison de cet arbre de la famille des acacias. Au printemps, toutes les fleurs réinvestissent les lieux. Les couleurs sont chatoyantes avec partout cette explosion de bougainvillées sur les pans des maisons ou aux rebords des fenêtres : roses ou violettes, sans compter les lauriers rouges, fuchsia, orangés ou blancs. On est aussi séduit par une végétation méditerranéenne et exotique.
Il faut s'égarer dans un dédale de ruelles, de venelles en placettes aux noms évocateurs : venelle des Amoureux, rue Rompi Cou (casse-cou) ou place Lou Pouli Cantoun (joli coin) avec ses boutiques et ses ateliers. On y trouve bon nombre d'artistes et d'artisans. Au Lou Portaou, ruelle des Sarrasins, on peut déguster un « hypocras », apéritif médiéval aux épices et aux plantes, avant de visiter l'église Saint-Trophyme, les chapelles Notre-Dame-de-Constance et Saint-François-de-Paul, le musée d'Art et d'Histoire et le château des seigneurs de Fos, point culminant du village.
Voir aussi le parc du Cigalou.

▲ Bormes-les-Mimosas a obtenu la médaille d'or au concours européen des villes et villages fleuris en 2003 et se voit régulièrement attribuer le label 4 fleurs depuis plus de trente ans.

LE FORT DE BRÉGANÇON

A deux pas de Bormes-les-Mimosas, se trouve le fort de Brégançon. Ancien repaire de pirates, il est devenu, sous Charles de Gaulle en 1968, la résidence d'été officielle des présidents de la République française.

▼ Charmant village perché, Bormes-les-Mimosas offre d'innombrables points de vue sur la mer.

Gassin

ON REJOINT CE JOLI VILLAGE FORTIFIÉ par une route en lacets. Du haut de son promontoire qui culmine à 201 m d'altitude entre Saint-Tropez et Ramatuelle, Gassin offre une vue exceptionnelle sur tout le golfe de Saint-Tropez. L'architecture est en paliers progressifs jusqu'au sommet du vieux village. Sur la place du même nom, s'étire une large terrasse fortifiée qui offre une vue sur la baie de Cavalaire et sur une partie des îles d'Hyères. Au nord, il faut visiter la chapelle Notre-Dame-de-Consolation, située dans un cadre pastoral au milieu de chênes-lièges.

Au village, les rues calmes et claires, quasi parallèles, sont reliées entre elles par des portiques, des voûtes ou des degrés. Il est agréable d'y flâner jusqu'à la rue de la Tasco, la plus ancienne partie du village. De là, ou par la porte des Sarrasins, on arrive à l'église de l'Assomption du XVIe siècle. Dans les ruelles transversales, on emprunte la rue du Moulin-à-Huile qui mène à la plus petite rue du village, l'Androuno, qui signifie « le passage pour un homme seul ». En effet, cet espace entre deux murs de construction, long de 1,50 m, ne totalise que 40 cm de large. Les enfants adorent. Gassin abrite bon nombre d'Anglais, de Suisses et de Belges qui y ont établi leurs maisons secondaires. Au bout du village se trouve le quartier neuf, réalisé par François Spoerry, l'architecte de Port-Grimaud.

On dit que Gassin était le village des sorcières, car une légende raconte qu'à l'époque où la peste ravageait la région, une étrange créature venait de maison en maison, à la nuit tombante, ranimer le feu en transportant des tisons ardents dans ses mains nues, sans jamais se brûler. Mais allait-elle ensuite tremper ses paumes dans la source aux fées en contrebas du village ? La légende ne le dit pas.

↓ Les forêts de chênes-lièges et les vignobles alentour gardent les mystères et les secrets du vieux village.

Sur les contrebas du village, on aperçoit les ruines du château du XIe siècle.

L'église Saint-Michel.

Grimaud

On arrive au village en longeant une allée d'oliviers, ou place Neuve, ornée de micocouliers centenaires. Blottie au pied de son château féodal, la cité médiévale est l'une des plus anciennes des Maures. Visitez l'église Saint-Michel, le château du XIe siècle, les chapelles Saint-Roch, Notre-Dame-de-la-Queste et des Pénitents-Blancs, puis le musée des Arts et des Traditions populaires. Déambulez au cœur des ruelles tortueuses. Arpentez la rue des Templiers avec ses arcades en ogives et arrêtez-vous pour déguster des croquets aux amandes, des palets à l'anis ou des navettes à la fleur d'oranger, comme si le temps s'était arrêté. Dans ces entrelacs de ruelles, peut-être y croiserez-vous Claude Brasseur qui habiterait au pied du château ou Johnny Hallyday.

Passages étroits et ruelles pentues de La Garde-Freinet.

La Garde-Freinet

De Grimaud, par une route récente, large et bien balisée qui serpente au milieu d'une forêt de châtaigniers dense et fière, de chênes-lièges et de pins maritimes, on arrive à cet autre petit village discret, à l'abri des regards. Les maisons en pierre aux tuiles romaines sont sagement ordonnées autour d'un centre-ville. Comme à Gassin, les artistes aiment venir s'y réfugier. Jeanne Moreau y avait élu domicile.

La côte des Alpes-Maritimes

de Cannes à Menton

La découverte de la Côte d'Azur se poursuit dans les Alpes-Maritimes, après avoir longé la corniche de l'Estérel. Le voyage se déroule ici entre Alpes et Méditerranée.
Ce sont les Anglais qui, dès la fin du XVIIIe siècle, ont été les premiers à découvrir les vertus climatiques de la « French Riviera » en hiver. Quelques centaines d'entre eux, aristocrates pour la plupart, s'étaient installés aux abords de Nice. Peu à peu, ils colonisèrent la région, rejoints par de richissimes Russes et autres souverains hivernants.
On retrouve aujourd'hui les traces de leur goût de la démesure, symboles de la Belle Epoque, avec les nombreux palaces, palais et villas.
Au fil des ans, la Riviera, devenue Côte d'Azur par la grâce de Stéphen Liégeard, sous-préfet, député de la Moselle et homme de lettres, a connu un essor considérable. Ses élégantes stations étaient dédiées à la frivolité, au faste et au plaisir. Au XXe siècle, elle devient le lieu mythique de l'art moderne. De nombreux musées sont dédiés à ces grands artistes, notamment à Picasso, Chagall, Picabia, mais aussi aux impressionnistes, en particulier à Renoir, Monet et Signac.
Partons sur les traces de ces amoureux de la région, le long des Préalpes qui se jettent dans la mer, jusqu'à rejoindre Menton, aux portes de l'Italie. Quant à savoir où commence la Côte d'Azur, le sujet demeure polémique. Car si chacun s'accorde à dire qu'elle se termine à Menton, les versions diffèrent pour définir où elle commence. Ce serait à Mandelieu-La Napoule pour les uns, quand les autres affirment que c'est à Hyères. Alors attention à ne pas froisser les susceptibilités. N'allez surtout pas dire à un Tropézien qu'il en est exclu !

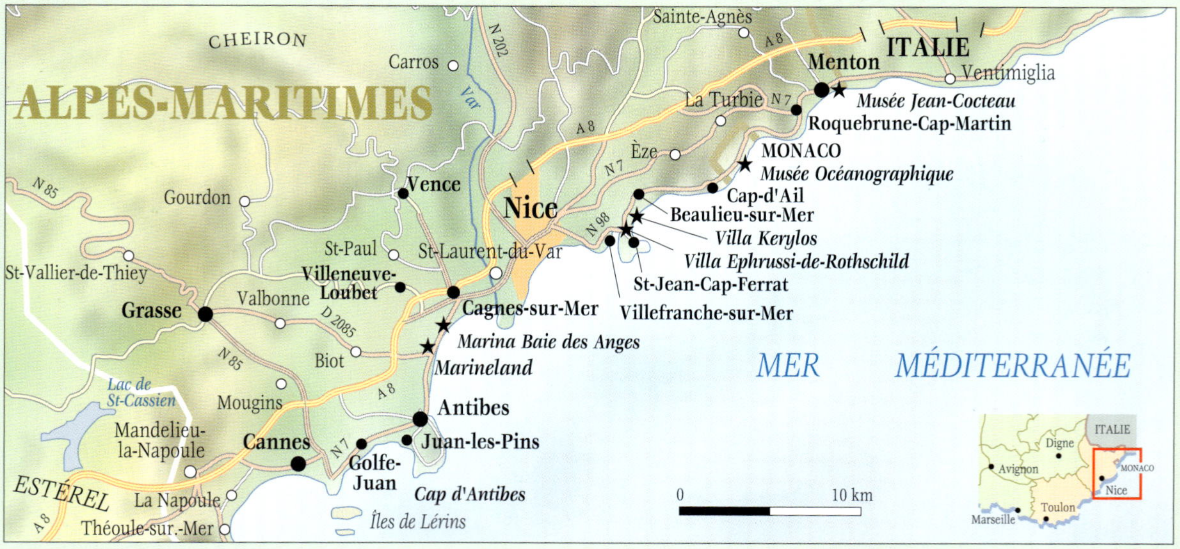

MANITCHOU

© C. Moirenc / Photothèque Wallis

Cannes

⬆ Bordée de palmiers, la Croisette longe la mer sur près de 3 km du vieux port à l'ouest au port Pierre-Canto à l'est.

➡ Les marches du grand escalier du Palais des festivals restent habillées du fameux tapis rouge pour que chacun puisse s'y laisser photographier, à l'instar des célébrités du 7e art.

↘ Concours de voitures anciennes devant le Majestic.

Du boulevard du Midi qui étire ses belles plages de sable fin jusqu'au vieux port Saint-Pierre, on arrive à Cannes, ville des stars, des palaces et des boutiques de luxe pour milliardaires. Cannes, ville aux mille paillettes et ville de tous les excès. Il suffit d'arpenter la promenade de la Croisette, jadis appelée « chemin de la Petite Croix » – *crouseto* en provençal – pour s'en rendre compte. Sur le front de mer, les quatre palaces de la ville s'élèvent fièrement : le Majestic Barrière, le Noga Hilton, le célèbre Carlton et le Martinez. À leurs pieds, se succèdent les enseignes de grands noms de la haute couture, parfumeries et joailleries de grand luxe. Cannes est aussi la ville des festivals. Le plus prestigieux est le Festival international du film. Créé en 1938, il réunit chaque année acteurs, créateurs, producteurs et distributeurs. Cette manifestation largement médiatisée a fait de la cité la capitale du cinéma. Elle se déroule au Palais des festivals et des congrès entre la mer et la Croisette.
En face, l'allée des étoiles du cinéma, sur l'esplanade Georges-Pompidou, étale près de trois cent cinquante empreintes de mains, doublées des signatures des célébrités

© Duranti / Photothèque Wallis

internationales du septième art. Parmi elles : Sharon Stone, Robert de Niro, David Lynch, Al Pacino, Jean Reno, Roberto Benigni…
A proximité, les plages privées et publiques se partagent la baie. Sur ces dernières, il est préférable, pour la gent féminine, de s'y rendre accompagné et la vigilance reste de mise car les vols y sont fréquents. Pour plus de tranquillité, poussez jusqu'au Palm Beach, au bout de la Croisette, ou rejoindre les îles de Lérins.
Arpentez le vieux centre historique de la ville, avec son dédale de rues jusqu'à la colline du Suquet. Mais avant, traversez la rue Meynardier, une rue piétonnière, commerçante et très animée, puis flânez sur le marché de Forville. Au bout, se trouve la chapelle de la Miséricorde.
Empruntez la rue du Mont-Chevalier vers la place de la Castre pour atteindre la colline du Suquet, en passant par un ancien pont-levis. Là, du haut de ses 22 m, l'ancienne tour de guet, achevée à la fin du XIVe siècle, offre un panorama sur la baie de Cannes, l'Estérel et les îles de Lérins. À voir le musée de la Castre dans les vestiges du château où séjournaient parfois les moines de Lérins au Xe siècle, la chapelle Sainte-Anne du XIIe et l'église Notre-Dame-de-l'Espérance de style gothique provençal. Descendez enfin la rue Saint-Antoine, typique ruelle médiévale étroite et pavée, bordée de restaurants.

↑ Figure de proue de la Croisette, le célèbre Carlton exhibe sa noble architecture et ses légendaires coupoles.

↓ À proximité du Palais des festivals, yachts luxueux et humbles pointus se partagent le vieux port.

Grasse

Il convient de faire travailler son sens olfactif à Grasse, capitale des parfums, située à 17 km de Cannes. Dès le XIIe siècle et jusqu'au XVIIIe, on y tannait les peaux, jusqu'à ce qu'une nouvelle mode, en provenance d'Italie et d'Espagne, apparaisse : celle de parfumer les gants. Les premiers gantiers-parfumeurs apparurent alors. Ils parfumèrent des cuirs de toutes sortes : sacs, gilets et ceintures avec des graisses et des huiles odoriférantes pour la noblesse. Les paysans de la région cultivèrent les fleurs, profitant du microclimat, de la qualité du terroir argilo-calcaire et de l'ensoleillement. Ainsi débuta, à Grasse, la fabrication des parfums. On y cultivait les trois fleurs emblématiques : la rose Centifolia, appelée « Rose de mai », le jasmin et la tubéreuse. La cueillette s'effectuait à la main. Mais en raison du coût de la main-d'œuvre, l'activité s'est reconvertie dans la fabrication d'aromatiques pour l'alimentation, les lessives, les savons, les déodorants…

Il reste très peu de champs de fleurs. Une quarantaine de parfumeurs subsistent aujourd'hui. Les maisons Fragonard, Molinard et Galimard – les plus anciennes – invitent à découvrir leurs installations de production et proposent parfums, eaux de toilette, produits cosmétiques et savons à prix d'usine. On peut aussi participer aux ateliers « tarinologie » Molinard et se concocter son propre parfum, sous la férule d'un « nez ». On repart avec son diplôme d'élève parfumeur en poche.

A voir le Musée international de la Parfumerie, le musée de la Marine, le Musée provençal du Costume et du Bijou et le musée d'Art et d'Histoire de la Provence. Puis flânez dans la vieille ville et son lacis de ruelles qui

➧ A l'entrée de la parfumerie Fragonard, un alambic invite les visiteurs à pénétrer dans le royaume évanescent des odeurs.

dévoile de très belles fontaines et demeures médiévales. Au n° 14 de la rue Jean-Ossola, l'hôtel Luce, aux portes en noyer sculpté, aurait abrité d'Artagnan, mousquetaire du roi. Place du Petit-Puy se dresse la cathédrale Notre-Dame-du-Puy du XIIe siècle, et non loin, la tour carrée. La place du 24-Août offre une vue sur le pays de Grasse. Plus loin, l'hôtel de ville occupe l'ancien palais épiscopal des XIIe-XVIIe siècles. Sur la place aux Herbes se tient le marché aux fleurs. Place aux Aires, avec sa fontaine, ses micocouliers et ses terrasses de café, se tient chaque matin le marché provençal.

Dans l'histoire des parfums, on apprend que Rochas, Dior et le mythique N° 5 de Chanel furent créés à Grasse.

La jolie cité médiévale s'adosse à la montagne.

Golfe-Juan

⬆ Lovée entre le cap d'Antibes et la Croisette, la baie de Golfe-Juan est considérée comme l'une des mieux abritées du littoral méditerranéen.

HUMBLE BOURGADE DE PÊCHEURS, Golfe-Juan entre dans l'Histoire lorsque, le 1er mars 1815, Napoléon Ier débarque sur la plage de sable fin. On vient surtout ici pour les plages. La station balnéaire, située au fond d'un golfe, renferme le vieux port et le port de plaisance Camille-Rayon, achevé en 1989, fréquenté par de nombreux yachts.

Photo Hervé Ronné

➡ Façade mauresque à Juan-les-Pins.

Photo Hervé Ronné

LA ROUTE NAPOLÉON

Evadé de l'Île d'Elbe le 1er mars 1815, Napoléon Ier débarque à Golfe-Juan avec un millier d'hommes pour reconquérir la France et se dirige vers Grasse. Il rallie Digne en six jours. Il fait d'abord une halte sur le plateau de Roquevignon, abandonne canons et charrettes en raison de la route non carrossable, puis arrive à Saint-Vallier-de-Thiey par un sentier abrupt dominant les gorges de la Siagne. Il passe à Séranon, à Logis-du-Pin, Castellane, Barrême, Digne, Sisteron, Gap, Corps, La Mure et Laffrey. Rejoint par les troupes royales et par de nombreux volontaires, il fait une entrée triomphale à Grenoble le 7 mars. Quatre jours plus tard, l'Europe lui déclarait la guerre.

↑ Quand le jour décline, des reflets d'argent envahissent les flots.

Juan-les-Pins

Dans les années 1920, le milliardaire américain Frank Jay Gould, qui s'était enthousiasmé pour la petite station comme nombre de ses compatriotes et touristes étrangers, a contribué à l'essor de Juan-les-Pins. Dans cette cité, descendait Scott Fitzgerald à l'hôtel Belles Rives, quand le célèbre saxophoniste et clarinettiste noir américain Sidney Bechet venait y donner des concerts. Une sculpture en bronze lui rend hommage.

Les mélomanes ne manqueront pas le Festival de jazz, organisé chaque année au cœur de la pinède Gould et de ses énormes pins parasols qui ont valu le nom à la station. Le festival a reçu les plus grands saxophonistes, pianistes, et autres virtuoses.

Aujourd'hui, on vient à Juan-les-Pins pour ses soirées, son casino, ses bars, ses restaurants et ses boîtes de nuit. Les adeptes de shopping y trouvent aussi leur compte dans les nombreuses boutiques qui se succèdent et qui assurent un service nocturne en saison estivale. On visitera l'église moderne Notre-Dame-de-la-Pinède.

Dans le centre-ville, les plages ne sont qu'alignements de clubs privés. Seul un petit coin de plage publique subsiste encore. Sinon, il faut s'éloigner vers l'est et marcher une trentaine de minutes pour en trouver une autre, plus grande.

Cap d'Antibes

« Le cap d'Antibes est le séjour le plus enchanteur de la terre… », s'est exclamé Anatole France. Il est très agréable de se promener le long de ce cap par le sentier côtier de 2,7 km bordé de pins d'Alep. De Tirepoil, longez la baie des milliardaires et les prestigieuses villas Eilenroc, La Calade et La Vigie, demeure du milliardaire Frank Jay Gould. Ne manquez pas l'hôtel du Cap, Eden Roc, l'un des plus luxueux hôtels du monde où séjournèrent Ernest Hemingway, Marlène Dietrich, Charles de Gaulle et Rita Hayworth.

Antibes

↑ De cette cité autrefois baptisée Antipolis « Ville d'en face » par les marins grecs venant de Corse, Claude Monnet écrivait : « Ce que je rapporterai d'ici sera la douceur même. Du blanc, du rose, du bleu. Le tout enveloppé dans un air féerique. »

On peut commencer sa promenade au Port Vauban. Il englobe toute l'anse Saint-Roch où les plus luxueux navires contemplent le rocher du Fort carré sur lequel furent successivement érigés le temple de Mercure, des installations romaines, la chapelle Saint-Michel, que l'on retrouve sous les fortifications, et la chapelle Saint-Laurent. Le Fort carré, construit en 1550 et amélioré par Vauban, mérite d'être visité. Il offre un magnifique panorama sur les Alpes du Sud et de la frontière italienne au cap d'Antibes.

On repasse la porte Marine et l'on pénètre dans la vieille ville très animée. Errez place Malespine ou place du Révely, grimpez sur les remparts, arrêtez-vous à la chapelle du même nom et visitez la cathédrale. Parcourez les rues de la Pompe, du Migrainier ou Sade. Rue James-Close, vous verrez le sculpteur Ho Loui, originaire de Shanghai, effectuer devant son atelier les dernières retouches d'un buste ou d'un visage, face à son dernier modèle. Le temps de trois ou quatre pauses d'une heure, vous pourrez vous offrir votre sculpture grandeur nature en terre cuite. Cours Masséna, ne manquez pas le marché provençal typique et très coloré.

Voir aussi le musée Picasso au château Grimaldi et le musée Peynet et du Dessin humoristique qui expose les créations de ce dessinateur de presse et père des Amoureux, le Musée archéologique et celui de la Tour des Arts et des Traditions populaires.

Quant aux noctambules, adeptes des discothèques, ils passeront la nuit à La Siesta, route du bord de mer, un lieu branché qui compte sept pistes de danse et accueille jusqu'à six mille personnes.

Photo Marineland

MARINELAND

A 4 km au nord d'Antibes et à quelques centaines de mètres de la Méditerranée, Marineland, près de la RN 7, mérite une visite. C'est l'un des plus importants parcs de la mer européens. Il présente des spectacles d'orques et de dauphins uniques en Europe, des spectacles vraiment époustouflants. Il faut voir ces orques de plusieurs tonnes s'élever à plus de 10 m de hauteur pour cueillir un hareng entre les lèvres de leur soigneur, avant de retomber dans une gigantesque éclaboussure. L'été, ne manquez pas les spectacles nocturnes.

Marineland a été fondé en 1970 par Roland de la Poype. Aujourd'hui, Marineland est dirigé par l'Anglais Mike Riddell. L'un des objectifs majeurs demeure la sensibilisation du grand public sur les questions de protection des animaux, de l'environnement et de reproduction.

SOS Marineland mobilise des spécialistes 24 h/24 pour intervenir lorsque la vie des mammifères marins est menacée. Pour ses actions, le parc marin a reçu le Grand Prix humanitaire de France et la Palme de vermeil du public.

Vous y observerez des éléphants de mer, des phoques, des otaries et des poissons exotiques. Un bassin est dédié aux requins. Traversé par un long tunnel submergé, vous aurez l'étrange impression de vous trouver au milieu des grands squales. Enfin, on prend connaissance des derniers résultats des travaux des scientifiques réalisés sur place.

Chacun y trouve son intérêt. Entre restaurants, boutiques, jungle aux papillons, petite ferme et Aquasplash, ce grand parc aquatique avec ses toboggans géants, piscines à vagues et rivière lente, on peut aisément y passer la journée.

↑ La féerie du Marineland prend toute sa dimension lors des spectacles nocturnes son et lumière.

↓ L'art de voler des baisers.

Photo Marineland

Photo Marineland

Le marché.

Vence

On parvient à Vence par la D 36. La cité historique, ceinturée de remparts, a su préserver ses places et ses ruelles médiévales. Les nombreuses églises témoignent de la longue tradition catholique de la ville. Nombreux sont les artistes à être venus ici chercher l'éclat de la lumière méditerranéenne. A voir la mosaïque de Chagall dans la cathédrale Notre-Dame-de-la-Nativité du IVe siècle et la fontaine à hélices imaginée par Arman ou les sculptures de César dans la galerie Beaubourg au château Notre-Dame-des-Fleurs, et les expositions d'art moderne et contemporain au château de Villeneuve du XVIIe siècle. Noter aussi la chapelle Matisse ou du Rosaire et celle des Pénitents-Blancs qui exhibe fièrement son dôme de tuiles polychromes, le centre culturel Henri-Matisse et le marché aux bouquinistes.

Cagnes-sur-Mer

Il faut distinguer Cagnes-sur-Mer, ville moderne, de Cros-de-Cagnes, en bord de mer, fière de ses 5 km de plages et de son église de pêcheurs, et du bourg médiéval perché du Haut-de-Cagnes, entre mer et montagne. Ruelles ombragées, pontis, lavoir, Maison des artistes et échoppes voûtées constituent l'âme de ce village dominé par l'imposant château fort du XIVe siècle qui renferme le musée de l'Olivier. On y visite la chapelle Notre-Dame-de-la-Protection et l'église Saint-Pierre des XVe et XVIIIe siècles. A environ 1 km, visitez le domaine et la maison des Collettes où vécut le grand peintre Auguste Renoir les douze dernières années de sa vie. Sa demeure est aujourd'hui transformée en musée.

Haut-de-Cagnes et son imposant château forteresse.

Le vieux centre perché et ses maisons pittoresques.

© C. Moirenc / Photothèque Wallis

© C. Moirenc / Photothèque Wallis

Villeneuve-Loubet

En bordure du Loup, la station balnéaire Villeneuve-Plage offre 4 km de plages et un port de plaisance au pied des marinas quand le village dévoile ses ruelles ombragées et son château du XIIIe siècle avec pont-levis. A voir l'église Saint-Marc, le musée d'Histoire et d'Art et le musée de l'Art culinaire Auguste-Escoffier dans la maison natale du célèbre chef de cuisine, créateur de la pêche Melba et créateur, avec César Ritz, de palaces comme le Ritz à Paris ou le Savoy et le Carlton à Londres. Il repose dans le cimetière près de la chapelle Notre-Dame-d'Espérance.
Ne pas rater le parc départemental du Loup et de Vaugrenier, avec son château et une demeure du XVIe siècle.

⬆ Près de la plage des Marinas, un petit phare prend des airs bretons.

Marina Baie des Anges

Construit en bord de mer, Marina Baie des Anges, cet ensemble de bâtiments à l'architecture pyramidale étonne. On peut y voir la forme de vagues ou d'une escadrille de voiliers.
Ce projet de grande envergure, lancé en 1959, a duré trente ans. L'ingénieur André Minangoy proposa trois bâtiments. Finalement, il y en aura quatre, plus une tour devant accueillir un vaste complexe hôtelier et un port de plaisance.
En dix-huit mois, le premier colosse, l'« Amiral », est édifié. Le chantier fonctionne alors nuit et jour. Les premiers résidents, une clientèle aisée, s'installent en 1970. Puis le « Commore » est achevé en 1972, le « Ducal » en 1993 et enfin, le complexe avec le « Baronnet » et le centre de thalassothérapie. L'ensemble, aujourd'hui estimé à 450 millions d'euros, abrite 1 600 appartements et 6 000 habitants. Il culmine à 70 m de haut et s'étale sur 16 ha. Compter entre 180 et 700 m^2 par appartement avec des terrasses pouvant atteindre 150 m^2. Des visites guidées sont organisées.

⬅ Sur la route côtière, surgissent, au loin, les Marinas, à l'architecture surprenante. On peut y voir la forme des vagues ou d'une escadrille de voiliers.

Nice

ON DÉCOUVRE NICE EN ARRIVANT SUR LA CÉLÈBRE PROMENADE DES ANGLAIS bordée de palmiers, de palais, d'immeubles et de villas. Elle longe les plages de galets qui s'étirent sur 7 km. Ici plane le souvenir des lords anglais hivernants de la Belle Epoque et des fastes d'une vie de luxe.
Capitale de la Côte d'Azur, Nice arbore une architecture de la Belle Epoque, Arts déco des années 1930 et de constructions issues du boom touristique des années 1970. Elle n'en finit pas de jouer avec les couleurs ocre, rouges, jaunes et terre de Sienne.
La cité a fait rêver bien des artistes, écrivains et musiciens. Cette ville d'ombres et de lumières en a gardé les traces et l'on peut y découvrir les œuvres de Matisse, Chagall, Arman, César, Dufy, Yves Klein dans les innombrables musées. Vous visiterez les musées Matisse, Marc-Chagall, des Beaux-Arts Jules-Chéret et d'Art moderne et contemporain. On trouve un foisonnement de galeries d'art, d'ateliers d'artistes et la célèbre école de Nice. Puis l'on peut opter pour le musée des Arts asiatiques, en marbre blanc, posé sur un lac artificiel, le musée de Paléontologie humaine de Terra-Amata ou le musée d'Archéologie de Cimiez.
Mais pour débuter la visite de Nice, il faut grimper sur la colline du château pour profiter d'une vue panoramique sur la ville et sa baie, le vieux port, le mont Boron, l'arrière-pays et la vallée du Paillon.

↓ La promenade des Anglais, qui épouse les courbes de la baie des Anges, est née de l'idée du révérend Lewis Way en 1820. Elle n'était alors qu'un sentier bordant la plage.

↗ Le port Lympia.

↘ Le somptueux hôtel Negresco, à l'architecture de la Belle Epoque, édifié en 1906 par Edouard Niermans.

Les façades des maisons colorent le vieux Nice.

On s'arrêtera à la tour Bellanda, où vécut Berlioz. Elle abrite le musée de la Marine. Par la montée du château, la rue des Ponchettes ou par les escaliers, rejoignez le cours Saleya aux mille et une senteurs provençales, avec ses marchés aux fleurs, aux fruits et aux légumes. Perdez-vous à travers les ruelles étroites où se dressent les façades colorées et le linge suspendu aux fenêtres. Suivez la rue de la Poissonnerie et jetez un œil à la maison d'Adam et Eve et son haut-relief qui, selon la tradition populaire niçoise, symbolise les incessantes querelles de ménage des habitants. Arrêtez-vous à l'église Saint-Jacques du XVIIe siècle puis à l'église du Jésus et observez ses trompe-l'œil. Rue Droite s'élève le palais Lascaris de style génois, du XVIIe siècle. Place Saint-François se tient le marché aux poissons. Passez dans la pittoresque rue Pairolière, sur la très belle place Garibaldi jusqu'à la place Rossetti. Attardez-vous à la cathédrale Saint-Réparate et poussez vos pas rue de la Préfecture jusqu'à l'opéra.
Continuez dans les rues commerçantes du centre-ville, place et rue Masséna, rue Paradis ou avenue Jean-Médecin et finissez au bord de mer. Parmi ses jardins et ses parcs, on contemplera le jardin Albert-Ier et le parc floral Phoenix qui contient la serre la plus grande du monde. A Cimiez, au nord de la ville, visitez les ruines gallo-romaines et les arènes. Enfin, pour rappeler la présence russe à Nice dès la fin du XIXe siècle, la cathédrale orthodoxe russe Saint-Nicolas, de 1912, arbore ses cinq coupoles et son parc. C'est la plus grande église russe dans le monde hors de Russie.

STIMULEZ VOS PAPILLES

On s'essaye aux spécialités niçoises en goûtant la socca, cette fine galette géante à base de farine de pois chiche et à l'huile d'olive, à laquelle on ajoute un peu de poivre. On dégustera aussi la pissaladière, cette tarte aux oignons garnie de pissala, une sauce à base d'anchois et d'olives noires, mais aussi la salade niçoise.

© Duranti / Photothèque Wallis

LE CARNAVAL DE NICE

En février, Nice célèbre son carnaval où se rassemble pendant quinze jours plus d'un million de spectateurs. La coutume remonte au Moyen Age. Composé de vingt chars, de fanfares, de près de huit cents grosses têtes et autres personnages fantastiques, le corso niçois défile dans les quartiers de la ville.

Villefranche-sur-Mer

La ville s'étend sur ces trois corniches : la basse, la moyenne ou la grande corniche. Chacune offre un superbe panorama. Pour découvrir la ville, partons de l'imposante citadelle Saint-Elme du XVIe siècle. Elle abrite plusieurs musées : Goetz-Boumeester et Volti. Ce dernier, blotti au fond des casemates, présente de grandes sculptures féminines. Tout un peuple de femmes de bronze, de cuivre et de terre cuite qui étalent ici leurs courbes voluptueuses dans un écrin de pierres brutes.

De la citadelle, on s'évade dans les rues pavées de la vieille ville. Attardez-vous dans la rue Obscure qui porte bien son nom. Elle s'étend sur 130 m de long et comporte plusieurs arcades. Elle débouche par un étroit passage en pas-d'âne sur la place du Conseil. Visitez la chapelle Saint-Pierre, du nom du patron des pêcheurs, encore appelée chapelle Cocteau, puisqu'il l'a entièrement décorée en 1957.

Et pour connaître l'histoire de la mère Germaine, rendez-vous sur les quais, au restaurant qui porte son nom. Son petit-fils vous racontera la vie de cette « maman de la vie flotte américaine » et vous montrera le livre d'or empli de noms de célébrités.

Le séduisant port de Villefranche-sur-Mer offre une agréable promenade jusqu'à la plage.

Saint-Jean-Cap-Ferrat

Par la route côtière D2 559, on rejoint Saint-Jean-Cap-Ferrat. La commune s'étend sur toute la presqu'île. Dans cet ancien village de pêcheurs, promenez-vous du côté du vieux village, du petit port de pêche et de plaisance, et observez la tour Saint-Hospice du XVIIIe siècle. Tout comme les caps d'Antibes et Martin, le cap Ferrat a été investi par la jet-set depuis les années 1920, d'où la présence de luxueuses résidences, de jardins exotiques, de piscines et de plages privées. Le prix du mètre carré est ici considéré comme l'un des plus élevés de France. Le site a été préservé d'un urbanisme sauvage pour répondre au souci d'espace et de tranquillité des richissimes propriétaires. Pas étonnant qu'elle séduisit les Nietzsche, Cocteau, Belmondo, Raymond Barre, Romy Schneider, Lauren Bacall et Léopold II, roi des Belges, qui deviendra le principal propriétaire des terres du cap. Bill Gates y aurait aussi un pied-à-terre.

Terrasse de café à Saint-Jean-Cap-Ferrat.

Le port.

Surplombant la Méditerranée et le cap Ferrat, le palais « vénitien » dresse ses façades roses serties de marbre blanc sur un site splendide.

VILLA EPHRUSSI-DE-ROTHSCHILD

A Saint-Jean-Cap-Ferrat, prévoyez une visite de la villa Ephrussi-de-Rothschild. On y accède par le boulevard Denis-Semeria. Construite par l'architecte Aaron Messiah, la villa fut la propriété de la baronne Béatrice de Rothschild dès 1905. Elle rassemble une collection de meubles, de porcelaines, de sculptures et de tapisseries royales. On visitera les salons, la salle à manger, l'appartement de la baronne et les sept jardins thématiques de 7 ha qui surplombent la mer. Le site est remarquable. On se promène au milieu d'une roseraie, de lotus, de nénuphars, de rideaux de bambou, de fontaines et de cascades, en passant tour à tour dans les jardins français, anglais, espagnol, japonais, florentin, lapidaire et exotique. On ne manquera pas le temple de l'Amour et de profiter des multiples panoramas sur la rade de Villefranche et sur la baie de Beaulieu.

Beaulieu-sur-Mer

CETTE STATION BALNÉAIRE ANIMÉE a accueilli les plus célèbres têtes couronnées à la Belle Epoque. Elle arbore un riche patrimoine architectural avec ses somptueuses demeures comme la Rotonde, le Bristol, la villa « grecque » Kerylos, le palais des Anglais, le kiosque à musique et le casino.
Beaulieu-sur-Mer possède un port de plaisance de renommée internationale, l'un des plus fréquentés de la Côte d'Azur, avec ses terrasses de cafés et ses boutiques, ainsi qu'un charmant petit port, situé dans la baie des Fourmis.
La station abrite deux belles plages : la Petite Afrique et la baie des Fourmis.
On visitera l'église, la chapelle romane Sancta-Maria-de-Olivo et le musée du Patrimoine Berlugan « André Cane » dans le cadre historique de La Rotonde.

VILLA KERYLOS

Construite de 1903 à 1908, la villa Kerylos est le fruit du rêve de Théodore Reinach, éminent savant, helléniste, archéologue et numismate, réalisé avec la complicité d'un architecte, tout aussi passionné : Emmanuel Pontrémoli.
On pénètre dans ce somptueux palais qui nous dévoile la civilisation grecque et la vie quotidienne dans l'Antiquité. Bois précieux, marbre, bronze, ivoire et mosaïques ont été sélectionnés parmi les plus beaux matériaux. Chaque pièce est un hymne à la beauté et à la magnificence : la salle des banquets, la chambre de Mme Reinach dédiée à Héra, épouse de Zeus, celle de monsieur, dont le lit est la copie de l'original de Pompéi et leurs salles de bains respectives, dont l'une présente une douche à ciel ouvert avec jets d'eau de pluie ou en cercle.
On finit la visite par le jardin de plantes méditerranéennes et par une initiation aux gestes des artisans grecs à l'atelier céramique.

↓ À Beaulieu-sur-Mer, la villa Kerylos, réplique d'une demeure de la Grèce antique, est une invitation au raffinement. Perchée sur le promontoire de la pointe des Fourmis, elle tient son nom de l'Alcyon de la mythologie, l'hirondelle de mer : « Kerylos ».

→ Fresque représentant une scène de la mythologie grecque.

↘ Le grand salon – L'Andrôn.

Cap-d'Ail

Son nom viendrait de « Cap d'Abaglio », c'est-à-dire « Cap de l'Abeille ». Avec l'ouverture de la route de Nice à Monaco, en 1880, la ville connut une notoriété grandissante et pendant la période faste, de la fin du XIXe siècle jusqu'à 1940, elle voit s'installer des personnages illustres de la politique, de la finance, de l'industrie et de la littérature. Les frères Lumière, Colette, Sacha Guitry, Lord Beaverbrook, des princes russes exilés, suivis, après 1945, de Greta Garbo et de Winston Churchill, y construisirent de magnifiques villas. Karl Lagerfeld y posséderait une villa. On peut les contempler du sentier du littoral de 3,6 km de la plage Mala à la plage Marquet. Les falaises volcaniques de la pointe des Douaniers succèdent à la carrière de meules antiques encore chargées de mystères.

A la Tête de Chien, cette formation calcaire massive de 500 m datant du jurassique, vous surplomberez Cap-d'Ail et la principauté de Monaco. Sur la plage Mala, nichée dans les roches blanches, sont organisées des soirées jet-set en été. En bordure de mer, visitez le parc Sacha-Guitry et le jardin des Oliviers.

Aux portes de Monaco, Cap-d'Ail mêle promontoires rocheux et espaces verts luxuriants.

Monaco

Enserré entre mer et montagne, ce petit état souverain s'étend sur 1,95 km². Si la langue traditionnelle monégasque reste utilisée par les « anciens » nationaux, le français demeure la langue officielle et la monnaie l'euro.

La principauté de Monaco comprend le « Rocher » ou « Monaco Ville » qui domine le port et sur lequel a été construit le palais princier, puis les quartiers de la Condamine, des Moneghetti, de Monte-Carlo, du Tenao, du Larvotto et de Fontvieille.

Au cours de l'Histoire, Monaco a suscité bien des convoitises. Dès 1297, les Grimaldi, grande famille génoise du parti Guelfe, firent de la ville leur seigneurie et, en 1512, la France reconnut son indépendance. Au XIXe siècle, les impôts furent supprimés, ce qui attira les grosses fortunes, et la Société des bains de Monaco, qui deviendra l'actuelle Société des bains de mer et du cercle des étrangers fut créée. En 1911, le prince Albert Ier promulgua la première Constitution et en 1962, le prince Rainier III y apporta de profondes réformes, sur lesquelles repose aujourd'hui l'organisation de cet Etat.

Plus de sept cents années ont passé sous la dynastie des Grimaldi et la monarchie héréditaire constitutionnelle perdure aujourd'hui sous le règne du prince Rainier III, dont les amours avec la ravissante actrice Grace Patricia Kelly restent dans toutes les mémoires. De leur union, en 1956, naquirent la princesse Caroline, le prince héritier Albert et la princesse Stéphanie. Mais en 1982, la princesse Grace mourut à la suite d'un tragique accident de voiture. Au palais princier, on peut voir la salle du trône où fut célébré le mariage civil du couple.

Pour pénétrer en ces lieux de la place d'Armes, empruntez la rampe Major, pavée de briques rouges, observez les ruines de l'ancienne forteresse et la tour de l'Oreillon. Passé les portes, accédez à la place du Palais. Elle surplombe le port de Monaco qui accueille le gotha du yachting international

➧ Une vue du rocher de Monaco.

➧ Vue sur Monaco, Monte-Carlo et Cap-Martin.

➧ Le grand casino.

et offre un panorama s'étendant jusqu'à la pointe de Bordighera en Italie.
Devant l'entrée principale du palais, chaque jour, à 11 h 55 précises, on peut assister à la relève de la garde des carabiniers en costume d'apparat. Dans le palais, par la galerie des glaces, on parvient aux « grands appartements » et à ses multiples salons et chambres aux décors somptueux. L'aile méridionale abrite le musée des Souvenirs napoléoniens et des Archives historiques du palais princier.
A l'issue de cette visite, déambulez dans la vieille ville parmi les boutiques et restaurants. Rue Basse, l'une des plus pittoresques, arrêtez-vous au musée de Cire, historial des princes de Monaco où des personnages en cire grandeur nature retracent l'histoire de la famille Grimaldi, puis au musée du Vieux-Monaco. Par la promenade Sainte-Barbe, vous atteindrez la cathédrale de style néo-roman, de 1875 en pierres blanches de La Turbie. Elle renferme les tombeaux des princes. Découvrez les jardins Saint-Martin. Place de la Mairie, notez la chapelle de la Miséricorde.
On quitte le cœur historique de Monaco, pour rejoindre **Monte-Carlo** et son casino, le plus célèbre au monde. Construit en 1878 par Charles Garnier, architecte de l'Opéra de Paris, il abrite le théâtre et les salles de jeux américains et européens. Puis profitez des jardins et des terrasses du casino.
A voir l'église Saint-Charles, de 1883 et le Musée national qui présente l'univers d'automates et de poupées anciennes. On s'attardera au Café de Paris et devant l'Hôtel de Paris avant de pénétrer dans le jardin japonais conçu par l'architecte-paysagiste Yasuo Beppu sur 7 000 m^2 où cascades et pièces d'eau côtoient des barrières de bambou et des lanternes en pierre. Monte-Carlo est aussi réputé pour ses discothèques concentrées dans le quartier de l'avenue des Spélugues sauf le célèbre Jimmy'z situé en bord de mer.
Dans le quartier résidentiel des **Moneghetti**, évadez-vous dans le jardin exotique aménagé à flanc de rocher, avec ses milliers de plantes succulentes, puis dans la grotte de l'Observatoire, au musée d'Anthropologie préhistorique et dans le parc Princesse-Antoinette.
Au jardin animalier de **Fontvieille**, vous découvrirez près de deux cent cinquante animaux et plus de cinquante espèces différentes. A voir aussi l'exposition de la collection de voitures anciennes du prince de Monaco.
Puis un petit tour s'impose au marché de la **Condamine** et dans la zone piétonne de la rue Princesse-Caroline en jetant au passage un coup d'œil à l'église Sainte-Dévote.

➧ Créé en 1929 à l'initiative du prince Louis II, le Grand Prix se déroule au cœur de la cité. C'est l'une des étapes les plus importantes du Championnat du monde des conducteurs. Pour ces trois jours, près de 20 000 places sont vendues entre 50 et plus de 400 euros la journée. À cette période, pour accéder au Rocher, il faut être muni d'un billet.

LE GRAND PRIX AUTOMOBILE DE MONACO

Cette course spectaculaire est organisée en mai par l'Automobile-Club de Monaco. Les pilotes doivent effectuer 78 tours de piste de 3,3 km à bord de leurs bolides : Formule 1, Formule 3 000, Porsche et Renault. A l'arrivée, le prince remet une coupe au vainqueur. Ce Grand Prix prend ses origines en 1911, avec le rallye de Monte-Carlo, sous le règne du prince Albert Ier. Aujourd'hui, il est l'un des plus célèbres au monde.

MUSÉE OCÉANOGRAPHIQUE DE MONACO

Fondé par le prince Albert Ier de Monaco qui voulait allier l'art et la science, le musée a été inauguré en 1910 et a été dirigé durant de nombreuses années par le Commandant J.-Y. Cousteau. Il aura fallu onze années de travail et 100 000 tonnes de pierres de La Turbie pour construire ce chef-d'œuvre d'architecture monumentale.

Sa façade arbore deux grandes sculptures allégoriques tandis qu'à l'intérieur, lustres, boiseries et mobilier évoquent avec élégance le monde du silence.

Le musée présente, dans un cadre prestigieux, les collections rapportées par le prince lors de ses croisières scientifiques. A l'étage, deux salles sont consacrées à ces expéditions. Dans l'atrium, observez la réplique de la Tortue de Bushnell, premier sous-marin de combat conçu en 1774.

Les nouvelles techniques sont exposées : plongée en scaphandre autonome, sous-marins des grandes profondeurs ou observations directes par satellites. Dans la salle d'océanographie physique, le laboratoire de l'Hirondelle II – le navire océanographique princier – a été reconstitué. Quant aux aquariums, qui regroupent quatre-vingt-dix bassins hébergeant des poissons de toutes les mers du globe, ils font de ce musée un pôle d'attraction de notoriété internationale.

Depuis 1990, il abrite l'Observatoire océanologique européen (OOE) où les scientifiques étudient notamment l'écologie et l'écophysiologie de certains organismes comme le corail rouge ou la caulerpe.

Mais on ne saurait quitter les lieux sans grimper au sommet de l'édifice, jusqu'à la terrasse du restaurant, profiter du panorama sur la Riviera italienne, la principauté de Monaco et la Côte d'Azur.

Photo M. Dagnino

↑ Construit à même le rocher, le Musée océanographique de Monaco s'élève à 85 m au-dessus du niveau de la mer. C'est l'un des musées les plus anciens du monde.

↓ Le lagon des requins.

Photo Y. Bérard

Roquebrune-Cap-Martin

ENTRE MENTON ET MONACO, au pied des Alpes, le site de Roquebrune-Cap-Martin a longtemps été un des hauts lieux recherchés de l'aristocratie de la Belle Epoque et des artistes. La commune s'étend sur le quartier commerçant Carnolès et le quartier résidentiel Cap-Martin. Sur le sentier des douaniers, de la pointe du Cap à la gare de Roquebrune, appelé aussi Le Corbusier, du nom du célèbre architecte du XXe siècle, on peut y voir son cabanon, à proximité de la plage du Buse. Il dresse sa forme cubique en rondins à côté de l'étonnante villa E 1027 d'Eileen Gray, architecte irlandaise dans les années 1930. Le Corbusier passa ici de nombreux étés, jusqu'en 1965 où, suite à un malaise, il mourut noyé sur la plage du Buse. Au cimetière de Roquebrune, on peut voir son tombeau, qu'il a lui-même dessiné et où il repose aux côtés de sa femme. Roquebrune-Cap-Martin regroupe aussi les quartiers du Buse, Golfe bleu, Saint-Roman, Cabbé et le vieux village médiéval perché sur son promontoire rocheux. Visitez les ruines de la basilique Saint-Martin du XIe siècle et de la chapelle des Templiers « Agerbol ». La commune abrite également le tombeau de Lumone et la grotte du Vallonet. C'est l'un des plus anciens gisements préhistoriques d'Europe. Puis arrêtez-vous au pied d'oliviers centenaires du parc du Cap-Martin.

Véritable havre préservé à la végétation typiquement méditerranéenne, le sentier des douaniers offre d'agréables promenades et de somptueux points de vue.

En raison de la douceur de son climat, la plus italienne des villes françaises a été surnommée « Perle de la France ». Ambiances et senteurs italiennes et provençales se mêlent ici. On est envoûté par le charme de cette cité quand le soleil organise des jeux d'ombres et de lumières.

Menton

ON DÉCOUVRE MENTON PAR L'OUEST, de la côte, en longeant la promenade du Soleil au bout de laquelle s'ensuivent le quai Bonaparte et le quai Benett.
De là, surgit le Vieux-Menton qui étage ses maisons sur la colline de l'Annonciade. On y pénètre par la rue commerçante Saint-Michel, avant de s'élancer dans un dédale de rues et ruelles pentues, escarpées et souvent voûtées. On passe au milieu de maisons aux façades patinées mêlant des verts profonds, des jaunes de Sienne et des rouges sardes, et avec leurs guirlandes de linge suspendues aux fenêtres à la manière « napolitaine ».
Par la traverse de la rue de Bréa puis la rue du Grenadier, vous gravirez les cent sept marches qui mènent au parvis Saint-Michel, avec sa mosaïque de galets. On y accède aussi du quai Bonaparte par les rampes Saint-Michel et du Chanoine-Gouget. Visitez la basilique Saint-Michel, de style baroque qui s'élève à côté de la chapelle des Pénitents-Blancs.
Perdez-vous dans le labyrinthe des ruelles Mattoni, de la Côte, Lamperose ou du Vieux-Château qui mène au cimetière étagé, édifié sur les ruines de la forteresse médiévale. Le point de vue y est superbe. Empruntez la rue Longue puis redescendez vers le vieux port et la plage des Sablettes.
Outre les nombreuses chapelles, la ville abrite le palais de l'Europe et le palais Carnolès qui renferme le musée des Beaux-Arts.
A Menton, le microclimat subtropical a fait éclore un paradis des jardins exotiques. On citera le jardin Biovès, le Jardin mentonnais, botanique exotique du Val Rahmeh, de la Madone et de la villa Fontana Rosa.

© Berchery / Photothèque Wallis

Organisée en février, la fête du Citron enchante, chaque année, près de 250 000 visiteurs. Plus de 120 tonnes d'agrumes sont ainsi rassemblées pour rendre hommage au citron.

MUSÉE JEAN-COCTEAU

Le peintre et poète Jean Cocteau a créé son musée au cœur du bastion, un fortin du XVIIe siècle, afin d'y exposer son œuvre. Il s'est impliqué dans la restauration et la décoration de ce lieu dans lequel se côtoient dessins, tapisseries, céramiques, aquarelles et autres mosaïques de galets.

Les villages perchés

des Alpes-Maritimes

Il suffit de s'engouffrer sur les petites routes en lacets qui grimpent à flanc de montagne pour découvrir plus de cent vingt villages perchés et fortifiés dénombrés dans le département des Alpes-Maritimes.
Cités romanes ou sarrasines, nids d'aigle ou forteresses, ils offrent autant de balades à remonter le temps. De chapelle romane en église baroque, de château fort en fontaine provençale, le passé a laissé dans ces villages de multiples traces. Monuments et façades sont chargés d'histoire.

Faufilez-vous avec délice dans un dédale de ruelles en labyrinthe, de placettes secrètes, d'escaliers et de passages couverts et voûtés au milieu d'ateliers d'artisans, de boutiques de produits du terroir, de terrasses de cafés et autres caves à vins…
Ainsi perchés sur des buttes, des mamelons, des éperons, ou des pentes à flanc de montagne, ces villages profitent des plus beaux panoramas sur la région.

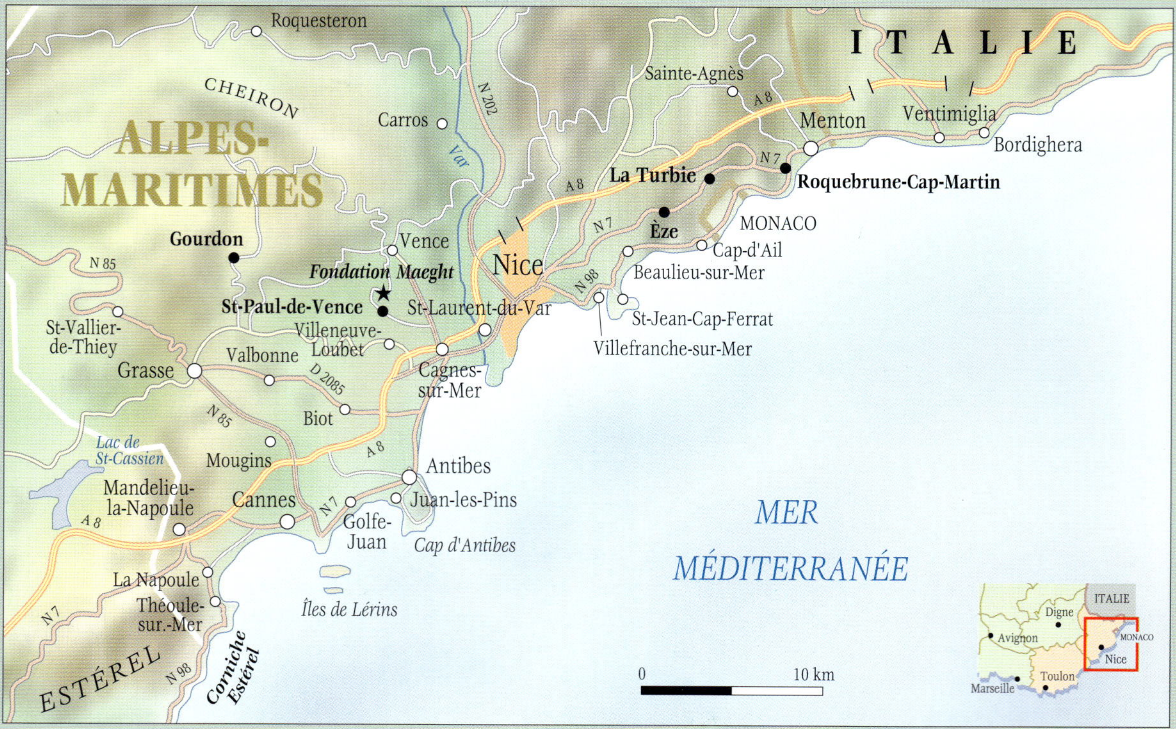

Gourdon

À travers des paysages insolites sur la route des gorges du Loup, où la fraîche verdure se mêle aux rochers abrupts, apparaît Gourdon, perché en nid d'aigle.

Pour rejoindre ce typique village perché en nid d'aigle sur un éperon rocheux, il faut emprunter la RN 85, dite « route Napoléon » en direction de Grasse. Bâti à 760 m d'altitude, Gourdon domine la vallée du Loup. On profite d'un panorama sur les gorges du Loup et sur 80 km de littoral, de Théoule-sur-Mer à Nice.

Arrivés au vieux village, on découvre parmi les ruelles et maisons médiévales de nombreuses boutiques de souvenirs, artisans : souffleurs de verre, peintres sur soie, créateurs de parfums, de savons et autres galeristes. S'arrêter devant la chapelle Saint-Pons et longer le parc du château, d'où l'on observe les remparts percés de fenêtres.

Puis on découvre la place de l'Ormeau et les ruines du château. Suivez la Grande Rue, découvrez l'église romane du Xe siècle et profitez du panorama place Victoria. En face de la chapelle Sainte-Catherine, se trouve l'une des plus anciennes maisons de Gourdon, dont la porte est ornée de rinceaux sculptés sur bois.

Visitez le château, construit sur les soubassements de la place Forte des IXe et Xe siècles, les jardins en terrasses dessinés par Le Nôtre, les musées d'Armes anciennes et des Arts décoratifs et de la Modernité.

Faïence et poterie traditionnelles.

Saint-Paul-de-Vence

Né au sommet d'une colline au cours du haut Moyen Age, le village de Saint-Paul-de-Vence se laisse aujourd'hui apprivoiser. De cette période, il ne reste que peu de vestiges. Ceinturée de remparts, la petite cité saint-pauloise qui domine les collines a été marquée par les grands courants de l'art moderne. Nombre de peintres célèbres tombèrent sous le charme de la lumière et de la beauté du site : Picasso, Léger, Soutine, Prévert et Chagall. Ils furent rejoints par d'autres artistes, comédiens, photographes ou philosophes. Le couple Signoret-Montand venait s'y ressourcer à l'abri des vieilles pierres. Comme eux, faufilez-vous dans la cité historique après avoir dépassé les joueurs de pétanque et franchi la porte de Vence. Admirez la tour à mâchicoulis, vestiges des fortifications du XIVe siècle. Arrêtez-vous au musée de Saint-Paul, puis remontez la rue Grande. Elle regorge de boutiques, de galeries et d'ateliers d'artistes contemporains qui ont pris le relais de leurs prédécesseurs. A quelques pas du Pontis – pont qui traverse la rue et relie deux maisons –, admirez la fontaine de 1850, l'une des plus célèbres de France, et visitez le musée de l'Histoire locale. Au plus haut du village, l'église collégiale est dominée par la tour carrée. Ici, les chapelles se succèdent. Rejoignez le cimetière où repose Chagall et longez les remparts par la courtine Saint-Claude. Une promenade au calme qui vous fera découvrir l'âme du village.

Plongez au cœur des siècles dans les ruelles escarpées du village de Saint-Paul-de-Vence, regardez les détails des fontaines, des fenêtres et des portes anciennes.

LA FONDATION MAEGHT

Véritable musée en pleine nature, la Fondation Marguerite et Aimé Maeght, à Saint-Paul-de-Vence, a été inaugurée en 1964 par André Malraux, alors ministre des Affaires culturelles. L'ensemble a été conçu par l'architecte catalan Joseph-Luis Sert pour présenter l'art moderne et contemporain. Vous y découvrirez des œuvres monumentales intégrées au bâtiment et aux jardins. On s'attardera cour Giacometti, dans le labyrinthe Miro peuplé de sculptures et de céramiques, devant la fontaine de Bury ou devant les mosaïques murales de Chagall et de Tal-Coat.

Photo Fondation Maeght

La Fondation Maeght rassemble près de 6 000 œuvres d'art. C'est l'une des plus importantes collections en Europe de peintures, sculptures, dessins et œuvres graphiques du XXe siècle. Ici, devant le *Mur* de la Fondation, réalisé par l'artiste Pierre Tal-Coat, une sculpture de Jean Miro, « Personnage 1970 ».

Eze

L'ORIGINE DU NOM DE CE PAIN DE SUCRE accroché à 429 m au-dessus de la mer proviendrait de Isis, du nom de la déesse égyptienne ou du latin Avisio, « point de vue ». Le village a été marqué par son appartenance au comté de Savoie jusqu'à son rattachement à la France en 1860. Aujourd'hui, il abrite une vingtaine d'âmes. On y accède par la Poterne, une double porte fortifiée du XIVe siècle en laissant sur la gauche le chemin de Nietzsche qui rejoint la mer. Au détour de ruelles inondées de soleil, vous remarquerez les boutiques installées dans d'anciennes caves ou étables et les larges marches du village conçues pour le passage des ânes chargés d'eau, de pierres ou de mandarines d'Eze. En levant les yeux, on observe les greniers à ciel ouvert qui servaient à faire sécher les figues, les abricots ou les tomates, tandis qu'au sol s'enchaînent les calades, ces mosaïques de galets en forme de rosace.

Sur le Planet, vous découvrirez la maison des Riquiers du XIIe siècle, puissante famille de Nice et seigneurs d'Eze. L'un des derniers propriétaires, le compositeur américain Barlow, fit installer la fontaine italianisante en 1930. Autres demeures remarquables, le château de la Chèvre d'Or et le château Eza, ancienne résidence du prince Guillaume de Suède devenue un hôtel-restaurant de luxe avec vue sur Eze bord de mer, Saint-Jean-Cap-Ferrat, le cap d'Antibes, les îles de Lérins, l'Estérel, le cap Camara et parfois la Corse. Rue Bournou se trouve la maison de la Bohémienne qui, selon la légende, lisait la bonne aventure aux clients de Monte-Carlo dans les années 1920 ou 1930. Visitez la chapelle et l'église du XVIIIe siècle. Au cimetière du village, repose le célèbre humoriste Francis Blanche. Rue du Château, on découvrira un mûrier blanc de trois cents ans avant d'atteindre le jardin exotique dans les ruines du château. Il présente des centaines de plantes succulentes importées pour la plupart du Mexique, aux noms curieux de cousin de belle-mère, cierge à tête de vieillard ou griffe de sorcière.

L'église Notre-Dame-de-l'Assomption.

Ecoutez murmurer les vieilles pierres du village médiéval.

La Turbie

CET AUTHENTIQUE VILLAGE MÉDIÉVAL perché à 500 m d'altitude surplombe la principauté de Monaco où se mélange le style médiéval, classique et baroque. On visitera l'église Saint-Michel du XVIIIe siècle, on contemplera la fontaine monumentale de 1824, le trophée Auguste et on découvrira, à 2 km du village, le sanctuaire de Laghet, l'un des principaux centres de pèlerinage de la Provence orientale et de l'Italie du Nord.

La Turbie.

Roquebrune-Cap-Martin

CET AUTRE VILLAGE, niché à 300 m d'altitude est organisé autour du château fort édifié vers l'an 970. Au XIVe siècle, la commune appartenait aux Grimaldi avant de devenir française à la Révolution. Elle redevint monégasque en 1814, pour être de nouveau rattachée à la France en 1860. Visitez l'église Sainte-Marguerite qui abrite une copie du *Jugement dernier* de Michel-Ange et la chapelle de la Pausa du XVe siècle. Chemin Saint-Roch, sur la route de Menton vers Carnolès, on trouve l'olivier millénaire dont les racines apparentes s'étendent sur 20 m de diamètre.

Le château de Roquebrune-Cap-Martin, qui surplombe le village, a été vendu au début du XIXe siècle à sir William Ingram, un riche touriste britannique. Ce dernier en fit don à la commune en 1921.

Les îles d'or

Véritable petit coin de paradis, l'archipel des îles d'Hyères s'étend sur près de 30 km. Autrefois appelé les « Stœchades » pour « alignement » en provençal, ou « îles d'Orient » par les Romains, l'archipel prit son nom définitif d'îles d'Or à la Renaissance, en raison de ses roches riches en mica qui brillent au soleil. Au large de la côte hyéroise, il se compose, d'ouest en est, de trois îles principales : Porquerolles, Port-Cros et Levant. Au cours des traversées en bateau, il n'est pas rare d'observer des dauphins jouer à proximité du bateau. Ces îles présentent une grande variété de paysages méditerranéens allant du maquis à la forêt ou aux plaines fertiles. Bien que le site soit très touristique, cette étape demeure incontournable. Evitez la période estivale au profit du printemps ou même de l'hiver. Les dégradations, liées à la surfréquentation de ces îles, ont entraîné la mise en place d'un certain nombre d'interdictions : fumer, bivouaquer, faire du feu… et de réglementations quant au mouillage des bateaux et à la pêche. Il est nécessaire de s'informer au préalable. Des contrôleurs en civil veillent à leur respect sous peine d'amende. L'été, par fort mistral, il arrive que le site soit fermé au public, en totalité ou pour partie, afin d'éviter tout risque d'incendie. On tombera littéralement sous le charme de ces îles des eaux transparentes. Elles séduiront les amoureux de la nature et tous ceux qui se soucient de l'environnement. Car, avant tout, les îles d'Or se méritent. On comprendra que la protection de la nature et le respect des règles en vigueur permettront à la faune et la flore de prospérer sans que l'homme n'altère l'équilibre fragile des écosystèmes. Ainsi, nous pourrons continuer à profiter encore longtemps de cette oasis sauvage et préservée.

PRATIQUE

En cas d'accident, appelez le 18 : les pompiers, le 15 : le Samu ou le 16 : le Centre régional opérationnel de surveillance et de sauvetage en Méditerranée (Cross Med).
Un médecin est présent sur chaque île en juillet et août et à l'année sur Porquerolles.
En cas d'accident, des rapatriements en bateau ou en hélicoptère sont organisés.

Porquerolles

De la tour Fondue, vous rejoignez en vingt minutes Porquerolles. Au village, vous pourrez louer des vélos et faire le tour de l'île qui s'étend sur 7 km de long et 2,5 km de large. Porquerolles est la plus vaste et la plus habitée des îles de l'archipel. Elle compte 342 habitants. Sa superficie est de 1 254 ha. Elle voit passer, chaque année, près d'un million de visiteurs. Elle est sous la protection du Parc national de Port-Cros, qui administre le Conservatoire botanique chargé de la sauvegarde de la flore sauvage de Méditerranée, lequel mérite une visite. On y découvre une exposition sur la conservation de la biodiversité et du patrimoine végétal, ainsi que des collections fruitières.
Avant de pénétrer dans l'île, attardez-vous un moment sur le port et place d'Armes où l'on joue à la pétanque. Puis les adeptes de randonnée s'élanceront sur les 50 km de sentiers balisés qui sillonnent l'île. Du village, vous rejoindrez Le Langoustier en une heure et quinze minutes, la calanque du Brégançonnet en moins d'une heure et le phare, au sud, en trente minutes.
Du fort Sainte-Agathe, vous admirerez le point de vue sur l'île et sur la rade d'Hyères.
Au sémaphore, l'île culmine à 142 m. Vélo, plongée, marche à pied ou bateau, tous les moyens sont bons pour découvrir ce site remarquable.
A proximité du village, les plages d'Argent et de la Courtade sont souvent surpeuplées. Il vous faudra marcher pas moins d'une heure sur les sentiers ombragés bordés de pins parasols, d'eucalyptus et d'oliviers avant de dénicher de belles plages de sable blanc quasi tropicales et des criques ou calanques discrètes au cœur des falaises abruptes au sud de l'île qui vous abriteront du mistral. Mais ne comptez pas sur les habitués des lieux pour vous dévoiler leurs trouvailles. Ici, chacun se doit de découvrir soi-même sa petite perle.

🡇 Un décor quasi tropical, des plages et des criques de sable blanc, des eaux transparentes, une lumière éblouissante et des pins parasols omniprésents… Comment ne pas fondre littéralement sous les charmes de cette île paradisiaque…

↑ Du sentier côtier, on découvre
de petites criques intimes à l'abri du vent.

↓ La nature de l'île, belle et fragile, inspire le respect.

Dans ce cadre pour le moins romantique, on comprend alors que, dans l'histoire de l'île, avant que l'Etat ne devienne propriétaire de la majeure partie des lieux en 1967, un certain François-Joseph Fournier acheta Porquerolles pour l'offrir en cadeau de mariage à sa femme. Aujourd'hui, devant les pins parasols pour seuls témoins, on s'y demande encore en mariage.

PRATIQUE

Traversées : TLV (Transport littoral varois); TVM aux départs de la tour Fondue et du port d'Hyères : 04 94 58 95 14; les vedettes Iles d'Or et Corsaire aux départs de Cavalaire, du Lavandou, de La Croix-Valmer et du port d'Hyères : 04 94 71 01 02; bateau-taxi Pélican 24 h/24 : 06 09 52 31 19. Des services inter-îles des promenades d'observation sous-marine sont proposés.
Astuce : prenez le bateau dès 9 h pour avoir une place sur les plages de l'île et préférez le dernier pour le retour.
Contacts : Bureau d'information de Porquerolles : 04 94 58 33 76.

Port-Cros

L'Île de Port-Cros dévoile des paysages d'une saisissante beauté. Plus sauvage et plus escarpée, elle est aussi la plus petite de l'archipel. Elle totalise 4 km de long et 2,5 km de large pour 650 ha. On la rejoint du Lavandou en une trentaine de minutes en longeant la maison de Luc Besson sur le cap Bénat et le fort de Brégançon.

L'île compte quarante-huit âmes et voit passer chaque année environ 220 000 visiteurs. Elle abrite deux hôtels, Le Manoir et L'Hôtellerie provençale. Ancien repaire de pirates, Port-Cros est devenue, en 1963, avec l'île de Bagaud et les îlots de la Gabinière et du Rascas, un parc national terrestre et marin – le premier d'Europe –, constitué d'une zone maritime de 600 m autour de ses rivages. Le parc national a notamment en charge la préservation des écosystèmes, tout en permettant l'accès au public. C'est pourquoi la réglementation y est très stricte, plus encore que sur Porquerolles. Outre les interdits de sa grande sœur, chiens, vélos et voitures ne sont pas admis ici et la pêche et le mouillage des bateaux y sont extrêmement réglementés et surveillés.

L'île se découvre donc à pied. C'est un vrai bonheur de s'élancer sur les 35 km de sentiers de randonnée balisés : le sentier des plantes, celui des crêtes, le vallon de la solitude ou le sentier botanique, qui mène aux nombreux forts de l'île. A voir aussi le barrage, le manoir, la plaine de la Courtade, les massifs forestiers, la lagune et les vergers du conservatoire. Au mont Vinaigre, l'île culmine à 194 m. Avec ses falaises abruptes, en particulier au sud, Port-Cros offre peu de plages. Vous opterez alors pour Port-Man, la plage du Sud ou encore celle de la Palud où vous vous élancerez sur le circuit sous-marin, équipés de masque, palmes et tuba que

🡻 Au bord de l'eau, des myriades de poissons viennent chatouiller les pieds des baigneurs.

PRATIQUE

En cas de fort mistral : pour prévenir les risques d'incendie, certains chemins peuvent être fermés au public et l'accès aux îles peut être interrompu. Chaque soir, un bulletin d'information est communiqué sur le répondeur de la Direction départementale de l'agriculture et des forêts : 04 98 10 55 41 ou contacter le Parc naturel national de Port-Cros : 04 94 12 82 30.
Maison du parc - Capitainerie de Port-Cros : 04 94 04 40 72.

l'on peut louer au village. Cette randonnée subaquatique permet aux initiés et aux néophytes d'observer jusqu'à 10 m de profondeur, des paysages et habitats sous-marins, mais aussi des étoiles de mer, crustacés, poissons… Sept bouées équipées de panneaux explicatifs immergés vous guideront.

⬆ Jeter l'encre dans les eaux transparentes.

Ile du Levant

Arête rocheuse située à 1 km de Port-Cros, l'île du Levant vous réserve son calme et sa sérénité. Devenue le paradis des naturistes, elle est moins fréquentée que ses deux îles voisines. Elle dépasse à peine le kilomètre de large pour 8 km de long. Mais de ses 650 ha de superficie, on n'en découvrira qu'une infime partie, 10 %, car les 90 % restants appartiennent à la Marine nationale. Une base d'essais y a été installée.
Sur la partie civile de l'île, qui abrite une centaine d'habitants à l'année, il n'y a ni voitures ni lampadaires. Le naturisme y est libre partout sauf dans les lieux publics, sur le port et la place du village. En revanche, il est obligatoire à la plage des Grottes et sur les bords de mer.
Mais les Levantins prônent avant tout respect et tolérance.
En embarquant du Lavandou, il faut compter une trentaine de minutes avant d'atteindre le port de l'Ayguade. De là, empruntez le chemin du Val de l'Ayguade, bordé de palmiers, de mimosas et de lauriers-roses. Il vous mènera au village des Arbousiers, centre du domaine naturiste d'Héliopolis. Créé en 1813, il fut l'un des premiers domaines naturistes d'Europe.
Sur l'île du Levant, les côtes sont rocheuses, mais certaines ont été aménagées.
Attardez-vous dans les jardins où se côtoient citronniers, bambous, néfliers, orangers et de nombreuses plantes exotiques. Par le sentier nature, vous accéderez à la réserve naturelle du domaine des Arbousiers au nord-ouest de l'île. D'autres sentiers balisés vous entraîneront vers des parcours sportifs ou des randonnées, à la découverte de la faune et de la flore.

PRATIQUE

Renseignements touristiques :
04 94 05 93 52.

Les îles de Lérins

Dans la baie de Cannes, les eaux de la Méditerranée abritent les îles de Lérins, deux oasis de fraîcheur et de calme. Les deux principales îles, Sainte-Marguerite et Saint-Honorat, appelées dans l'Antiquité Léro et Lérina, n'excèdent pas les 10 m d'altitude en moyenne.
La première, la plus proche du continent, est une destination touristique très prisée pour ses plages et ses eaux claires, tandis que l'escale sur Saint-Honorat revêt d'abord un caractère religieux. Toutes deux méritent vraiment le détour. On y trouve de nombreux vestiges archéologiques.

Occupées pendant de longues années par les Ligures, les îles de Lérins firent partie, au cours du XVIIe siècle, d'un système défensif des frontières maritimes du royaume de France. La beauté de ces îles en fait la fierté des Cannois. En raison de la clarté des eaux et la richesse des fonds marins, le site est idéal pour pratiquer la plongée. Dans les anfractuosités des rochers, vous observerez des congres, des murènes, des mérous en pleine eau ou des chapons posés sur la roche. A découvrir aussi la posidonie et une forte concentration de corail.

Sainte-Marguerite

🡇 L'heure est à la baignade sur les criques de sable et de galets qui s'enfoncent en pentes douces dans les eaux limpides. Mais attention, prévoyez vos sandales, sinon les rochers et gros galets glissants au bord de l'eau vous empêcheront d'accéder aux bancs de sable blanc.

A PEINE QUINZE MINUTES SUFFISENT pour relier Cannes et la plus vaste des îles de Lérins.
Sur Sainte-Marguerite, on semble déjà loin de la côte. Certes, la destination est très touristique, mais on parvient à y trouver un certain calme et la tranquillité. Il n'existe pas d'hébergement sur l'île, mais vous trouverez des restaurants et des snacks.
Comptez deux heures pour faire le tour de l'île (8 km). Site classé et protégé, Sainte-Marguerite appartient à la Ville de Cannes depuis 1993. Elle est gérée par l'Office national des forêts, lequel organise des visites guidées au cœur des 152 ha de forêt domaniale qui comprend les landes, les dunes, l'étang du Batéguier et le bord de mer. On y retrouve un peuplement de pins d'Alep et de chênes verts typiques du sol calcaire méditerranéen, ainsi que tout le cortège du maquis composé

d'arbousiers, de bruyères arborescentes, d'alaternes et de myrtes…
Cette escale vous réservera de longues balades grâce aux nombreux sentiers aménagés.
Sur le chemin botanique, découvrez la flore méditerranéenne, puis rejoignez l'étang du Batéguier et sa réserve ornithologique à la pointe ouest. De mars à fin août, vous observerez les sternes pierregarin nidifier sur l'îlot de l'étang. Au détour des chemins, l'île dévoile les vestiges de ses multiples occupations : romaines et espagnoles. Elle fut également occupée pendant plusieurs siècles par les moines du monastère de Lérins.
De la pointe du Dragon à la pointe de la Convention, vous admirerez le paysage.
Enfin, visitez le fort Royal, érigé au XVIIe siècle par Richelieu et renforcé par Vauban en 1712 par une ceinture de murailles, des saillants et des redans. Plusieurs fois restauré, le fort de Sainte-Marguerite abrite aujourd'hui le musée de la Mer et la prison du Masque de fer. En effet, en 1685, le fort est devenu une prison où fut détenu, pendant onze années, ce prisonnier appelé le « Masque de fer ».
Le doute plane encore sur son identité : frère aîné ou jumeau de Louis XIV, comte Mattioli, diplomate italien ou ancien valet de Fouquet… Il serait mort en 1703. Quant à savoir s'il portait un masque de fer ou de velours noir, le mystère demeure encore.

Le fort Royal.

PRATIQUE

Traversées : l'Estérel-Chanteclair : 04 93 39 11 82 ; la Compagnie cannoise : 04 93 38 66 33 ; Horizon IV : 04 93 99 15 09 et Trans Côte d'Azur : 04 92 98 71 30.
L'embarcadère se trouve à la gare maritime de Cannes à côté du Palais des congrès.
Contacts : Gare maritime des îles de Lérins, au Vieux-Port : 04 93 39 11 82.
Office national des forêts : 04 93 18 51 51.
Maison forestière : 04 93 43 49 24.
Clubs de plongée :
Les Palmes d'or à Cannes : 04 93 43 40 42 ;
Le Cannes plongée-club : 04 93 38 67 57.

Photo Hervé Champollion

Saint-Honorat

➷ Le monastère de Saint-Honorat abrite, depuis 1869, une communauté de moines cisterciens.

PLUS INTIMISTE QUE SAINTE-MARGUERITE, Saint-Honorat, ceinturé de bois et de rochers, respire la sérénité. Cette île privée de 35 ha appartient aux moines de l'abbaye de Lérins. C'est une destination moins touristique que religieuse. Tous les ans, près de 70 000 visiteurs viennent dans ce haut lieu de pèlerinage. On s'y rend surtout en retraite spirituelle dans le monastère, seul ou en couple, pour partager pendant un temps la vie des religieux.

Situé au cœur de l'île, ce monastère, construit du XIe au XIVe siècle, abrite un cloître, un réfectoire, une salle du chapitre et l'hôtellerie destinée aux retraitants. Vingt-six moines vivent ici et constituent la communauté monastique cistercienne de l'île. Leurs activités sont variées : vignoble, fabrication de liqueurs, économat, administration, accueil des hôtes, éducation des novices…

Ils exploitent les 7,5 ha de vignoble de l'île et produisent des vins qui s'exportent à travers le monde : clairette, chardonnay, syrah, ainsi que la cuvée Saint-Sauveur, produite avec de vieilles vignes de près de soixante ans d'âge. Dans la boutique de l'abbaye, vous pourrez vous procurer ces différents produits, ainsi que leur liqueur locale Lérina élaborée à partir d'une trentaine de plantes aromatiques dont la recette reste un secret. Vous y trouverez également des liturgies et des livres spirituels. Enfin, visitez l'église et découvrez les huit chapelles de l'île : Trinité, la plus célèbre, Saint-Porcaire, Saint-Pierre, Saint-Caprais, Saint-Sauveur, Saint-Michel, Saint-Cyprien et Sainte-Justine. Enfin, côté sud, entouré d'eau, se dresse le monastère fortifié.

Photo Hervé Champollion

↑ Le cloître.

PRATIQUE

TRAVERSÉES : **Planaria, 04 92 98 71 38.**
Embarquement et vente des billets à la gare maritime de Cannes à côté du Palais des congrès.
CONTACTS : **monastère : 04 92 99 54 00.**

↓ Au sud de l'île, le monastère fortifié semble posé sur les flots.

Photo Grégoire Gosset

Escapade dans l'arrière pays

Le Var et les Alpes-Maritimes réservent encore bien des surprises à tous ceux qui s'aventureront au cœur même de l'arrière-pays. Lacs et rivières, montagnes et forêts, torrents, gorges ou canyons, l'arrière-pays étend ses charmes infinis. Eté comme hiver, enivrez-vous de ces immenses espaces naturels, sauvages et préservés. Les panoramas sont vertigineux et la faune et la flore sont d'une grande richesse. L'arrière-pays est aussi un terrain de sport et de découverte : randonnée, escalade, canyoning, rafting, spéléologie, course d'orientation, canoë-kayak, parapente ou saut à l'élastique dans des décors grandioses.

Sillans-la-Cascade

Enfoui dans la verdure, le charmant village de Sillans-la-Cascade a conservé son aspect médiéval avec son château entouré de remparts et ses tours. On vient ici découvrir sa magistrale cascade. Vous y parviendrez en empruntant la route de Cotignac. Tournez à gauche, puis suivez le sentier sur environ 800 m.

Abbaye du Thoronet

Sur la D 7, dans l'arrière-pays boisé du massif des Maures, s'élève, en forme de croix latine, l'abbaye du Thoronet. A l'instar de ses deux sœurs, Silvacane et Sénanque, l'abbaye cistercienne du Thoronet représente un ensemble architectural typique de l'époque romane en Provence, l'un des chefs-d'œuvre les plus remarquables de France. Les travaux d'édification débutèrent en 1160 et s'achevèrent en 1190.

↑ La majestueuse cascade de Sillans, de 42 m de haut, formée par la Bresque et les eaux du vallon de l'Oure, se précipite dans un petit lac bouillonnant couleur émeraude.

↓↘ Jadis lieu de prière et de méditation, l'abbaye du Thoronet dévoile une beauté austère et sans artifice.

Aups

Il fait bon flâner dans ce village de caractère situé sur les premiers contreforts des Alpes. L'antique ville a été bâtie en amphithéâtre, et sur laquelle veillait le château. Les venelles pittoresques, les maisons médiévales, les cadrans solaires, les portes et remparts des XIIe et XVIe siècles et les ruines du château fort vous attendent ici. Du haut de ses 25 m, la tour de l'Horloge, du XVIe siècle, domine la ville. Cette ancienne tour de gué est surmontée d'un campanile en fer forgé. Place Martin-Bidouré, vous découvrirez un obélisque à la mémoire des habitants tués en 1851, peu après le coup d'Etat du prince Napoléon.

Le village abrite plusieurs fontaines anciennes et un vieux lavoir du XVe siècle, place Joffre, où se retrouvent encore les Aupsois. A voir la chapelle Notre-Dame-de-la-Délivrance et l'église Saint-Pancrace du XVe siècle, érigée sur les ruines du château des ducs de Blacas. Puis visitez le musée Simon-Segal et le musée Faykok.

Enfin, ce village, où Jules César aurait déclaré : « Je préfère être le premier à Aups que le seco nd à Rome », est réputé dans toute la région pour son marché aux truffes noires, les jeudis, de novembre à février. Ne manquez pas non plus la journée de l'olive, le dernier dimanche de mars et les marchés nocturnes organisés chaque été.

Dans les vieilles rues pittoresques du village, les fontaines anciennes ornent de charmantes petites places.

Aups, bâti au pied de la montagne des Espiguières.

Les gorges du Verdon

➧ Les gorges du Verdon abritent le plus grand canyon d'Europe qui est aussi le deuxième du monde après celui du Colorado. Entaille gigantesque sculptée par l'érosion, sa profondeur peut atteindre jusqu'à 750 m.

➧ Parmi les blanches falaises vertigineuses, les passages escarpés, les tunnels, les brèches, les chaos et les eaux vives, vous êtes au royaume de la démesure.

Frontière naturelle entre les Alpes-de-Haute-Provence et le Var, le Verdon s'étend sur 165 km, du village de La Foux-d'Allos au nord jusqu'à sa confluence avec la Durance, à Vinon-sur-Verdon au sud. Il poursuit sa course au-delà du barrage de Sainte-Croix. Ce territoire, géré par le parc naturel régional du Verdon, comprend quarante-cinq communes.

De la côte, il faut compter environ une heure et demie en voiture pour rejoindre les gorges du Verdon. Elles abritent l'un des sites les plus remarquables de France : le grand canyon du Verdon. Il commence au confluent du Baou et s'étire jusqu'au lac de Sainte-Croix. Longtemps inexplorées, les gorges du Verdon n'ont dévoilé leurs secrets qu'au début du XXe siècle, grâce au travail d'Edouard Martel, hydrologue et pionnier de la spéléologie moderne.

Le site est un immense terrain d'aventures pour tous les amateurs de sensations fortes. A condition d'être un sportif de haut niveau et chevronné, vous vous élancerez en rafting à Castellane ou au pont de Carajuan, ou vous choisirez l'hydrospeed, l'escalade ou le canoë.

Si la visite des gorges peut s'effectuer en une journée en voiture sur des routes tortueuses entre les ponts de Soleils et du Galetas, le site mérite d'y consacrer deux jours au minimum. On en gardera un meilleur souvenir. Ponctuez vos trajets de haltes dans les villages de Trigance, Comps-sur-Artuby et Aiguines sur la rive gauche, Rougon, La Palud-sur-Verdon et Moustiers-Sainte-Marie sur la rive droite, et profitez des innombrables panoramas.

Les gorges du Verdon recèlent de nombreux sentiers de randonnées pour tous niveaux et pour toute la famille. Il y a les grands classiques : le sentier Martel vous entraînera, six heures durant, sur un terrain sans de trop grandes difficultés, du chalet de la Maline au point Sublime, ou le sentier de l'Imbut, sur la rive gauche, à partir de l'auberge des Cavaliers. Plus difficile et plus vertigineux, il s'adresse aux confirmés qui ont le pied sûr. Enfin, le sentier du Lézard, au départ du point Sublime, vous fera découvrir les tunnels, des restanques, le vieux pont de Tusset et le couloir Samson. Contemplez la faune alpine et la flore constituée de sous-bois de hêtres, de frênes, d'érables, de chênes verts ou blancs, de tilleuls, de sorbiers…

Sur les sentiers botaniques, moins connus et donc moins fréquentés, vous découvrirez une multitude de plantes aromatiques, mais attention, toute cueillette est interdite. Les guides accompagnateurs vous livreront un tas de petites astuces et vous dévoileront l'histoire du calcaire et de l'érosion. Les enfants s'essayeront aux ricochets et laisseront les lézards curieux et téméraires venir frôler leurs pieds.

Ça amuse les enfants, ça amuse les parents. On se régale et on en garde un bon souvenir.

Le lac de Sainte-Croix

↑ Sur les eaux émeraude du lac de Sainte-Croix se pratiquent de nombreux sports.

↓ Un bleu aux mystérieuses profondeurs.

SI VOUS ARRIVEZ PAR LA D 11, bifurquez à droite, la D 111 vous mènera au village de Sainte-Croix-du-Verdon, construit sur un promontoire rocheux à 525 m d'altitude. Son belvédère domine le lac de Sainte-Croix. Le panorama y est exceptionnel. Ce plan d'eau artificiel de 2 200 ha, créé en 1974, contient près de 750 millions de mètres cubes d'eau. Il alimente en eau potable Marseille, Aix et Toulon. Côté sud, une agréable balade vous attend entre Bauduen et le village des Salles-sur-Verdon, jadis englouti par les eaux du lac et reconstruit en 1974.

PRATIQUE

CONTACTS : la Maison du parc naturel régional du Verdon : 04 92 74 68 00.
La Maison des gorges du Verdon : 04 92 77 32 02. Cet espace muséographique vous donnera des conseils pour vos balades.
Association Carline : 04 92 77 32 89, accompagnateurs moyenne montagne pour des randonnées pédestres.
La Maison des lacs : 04 92 83 19 23 ou 04 94 84 22 83, organise des animations sur le thème de l'environnement.
Le musée de Préhistoire des gorges du Verdon à Quinson : 04 92 74 09 59.
Contacter les OT de Quinson, de Castellane, de Saint-André-les-Alpes, de Riez, de Moustiers-Sainte-Marie, d'Aups, de Gréoux-les-Bains et de Vinon-sur-Verdon.
CONSEILS :
Emporter une grande bouteille d'eau.
Prévoir un pull et de bonnes chaussures de marche car les chemins sont caillouteux et certaines balades peuvent durer six heures.
Emporter des jumelles et une lampe-torche.
Tester sa résistance sur des bouts de route avant de s'élancer sur les grands circuits classiques.
Ne pas quitter les sentiers.
Eviter les mois de juillet et août pour fuir les embouteillages sur les sentiers de randonnée. A cette période, près de deux mille personnes sont agglutinées sur un même sentier.
Opter pour le printemps et l'automne pour de meilleures conditions.
Ne pas laisser ses ordures, respecter ce lieu afin qu'il conserve toute sa beauté et sa magie.

Draguignan

UNE LÉGENDE DU HAUT MOYEN AGE raconte ici qu'un terrible dragon persécutait les populations. Mais saint Hermentaire, évêque d'Antibes et patron de Draguignan, le terrassa. Pour certains, cet acte de bravoure serait l'œuvre de saint Honorat… Le nom de la cité prendrait donc son origine à travers cette légende. Mais celle que l'on surnomme « Ville du dragon », perchée sur une butte rocheuse, renferme bien d'autres histoires à découvrir au musée des Arts et des Traditions populaires provençales, au musée de l'Artillerie et au Musée municipal.
Dans la vieille ville, promenez-vous de place en place. Contemplez son patrimoine historique. Vous remarquerez les nombreuses chapelles anciennes : Saint-Sauveur, Notre-Dame-du-Peuple et des Minimes, ainsi que les églises Saint-Michel et Saint-Hermentaire et, rue de la Juiverie, une ancienne synagogue dont la façade date du XIIIe siècle.
Un cimetière militaire américain rend hommage aux soldats morts au cours de l'opération « Dragoon », lors du débarquement de Provence le 15 août 1944.

Draguignan : le charme d'une petite ville provençale.

La tour de l'Horloge coiffée d'un campanile s'élève à la place de l'ancien donjon. Du haut de ses 24 m, elle offre un panorama exceptionnel.

Saint-Vallier-de-Thiey

➧ Reproduction du tableau de Jacques-Louis David : « Napoléon Bonaparte Premier Consul franchissant les Alpes au col du Grand-Saint-Bernard ».

SITUÉ À 730 M D'ALTITUDE, entre mer et montagne, sur la route Napoléon (N 85), Saint-Vallier-de-Thiey est un charmant village provençal. Dominé par le Thiey, une montagne de 1 452 m, il est réputé pour ses curiosités naturelles et archéologiques comme la pierre druidique. La visite du domaine des grottes des Audides vous entraînera dans les entrailles de la terre, à 60 m de profondeur. Prévoyez pull et chaussures plates. Au Souterroscope des grottes de Baume Obscure, vous descendrez à 70 m sous terre dans des galeries où vous suivrez l'eau qui circule de cascade en cascade et de gours en méandres. Place de l'Apié, le buste de Napoléon rappelle son passage en 1815. Notez l'église du XIIe siècle et la chapelle Sainte-Luce, de 1562. Elle abrite un puits dont on dit ici que l'eau serait miraculeuse pour les maux des yeux. Et si le village se fait appeler le « Paradis des enfants », c'est grâce à son aire de jeux aménagée spécialement pour eux, son complexe sportif et son grand pré de plus de 3 ha.

Photo Hervé Ronné

LA LÉGENDE DE L'AUBERGISTE

Selon la légende, un aubergiste astucieux profita du passage de Napoléon dans son établissement pour s'enrichir. Pendant vingt ans, chaque fois qu'un touriste passait dans le village, il lui racontait comment il avait servi un verre de vin à l'Empereur et, contre quelques écus d'or, consentait à se séparer du fameux verre. Un beau matin, il quitta le village. Nul ne le revit.

Les gorges du Loup

➧ Tourettes-sur-Loup, l'un des nombreux villages pittoresques qui jalonnent le circuit des gorges du Loup.

C'EST DANS LES HAUTEURS BOISÉES de la commune d'Andon-Thorenc, à 1 250 m d'altitude, que la rivière le Loup prend sa source. Ce cours d'eau de 45 km de long traverse les Préalpes au-dessus de Grasse, jusqu'à la plaine du Loup où il rejoint la Méditerranée à Villeneuve-Loubet. Il alimente partiellement en eau les villes de Cannes, de Grasse et de Villeneuve-Loubet.

On peut découvrir ce site en voiture, à pied ou à vélo. Le long du circuit des Gorges, vous découvrirez des ponts, des tunnels et de jolies cascades, en particulier celles du Saut-du-Loup et de Courmes, de 40 m de haut. La rivière passe par une succession de villages aux ruelles médiévales : Gourdon, Le Bar-sur-Loup, Tourettes-sur-Loup – où se tient la fête des Violettes début mars – et La Colle-sur-Loup.
Au départ de Villeneuve-Loubet, vous remonterez le cours d'eau sur le sentier de 2 km, côté rive droite. Le sentier balisé au départ de La Colle-sur-Loup, sur la rive gauche, est, quant à lui, plus sauvage et très agréable. Et si vous êtes en mal de sensations fortes, à Villeneuve-Loubet, essayez-vous aux acrobaties dans les arbres, grâce aux nombreux ateliers des parcours aventure : Pont de singe, Filet des pirates, Trapèze volant ou Saut de Tarzan, à vous de choisir.
Pour finir, une halte gourmande à la confiserie Florient du pont du Loup s'impose pour découvrir les secrets des fabrications artisanales.

PRATIQUE

ACCÈS : autoroute A 8, sortie Villeneuve-Loubet.
CONTACTS :
OT : de Villeneuve-Loubet, de La Colle-sur-Loup, du Bar-sur-Loup et de Tourettes-sur-Loup.
Canyon Forest à Villeneuve-Loubet, parcours aventure : 04 92 02 88 88.

➧ Paysages insolites grandeur nature.

Le Mercantour

POUSSEZ LES PORTES DU MERCANTOUR et pénétrez dans ce Parc national de 68 500 ha. Il s'étend sur six vallées : Roya-Bévéra, la Vésubie, la Tinée, le haut Var, le Verdon et l'Ubaye. Vous y découvrirez des cirques glaciaires, des lacs étincelants, des pâturages d'altitude et des forêts denses. Les paysages sont ici tout en contrastes.

Créé en 1979, le parc national s'attache à préserver ces paysages et cette biodiversité, ainsi qu'à sensibiliser les visiteurs à la protection de l'environnement. La zone centrale applique une réglementation stricte : ni chiens, ni voitures, ni VTT, ni sports aériens, ni cueillette, ni feu, ni camping… Toutefois, vous pourrez partir en randonnée seul sur les 600 km de sentiers balisés, ou obligatoirement avec un guide agréé si vous optez pour les chemins de traverse. Dans la zone périphérique, vous pourrez pratiquer de nombreuses activités de loisir.

En ces lieux, laissez doucement le temps s'écouler en écoutant le chant mélodieux d'une fauvette à tête noire, d'un pinson des arbres, le gazouillis d'une mésange alpestre ou le cri des marmottes. Observez le vol majestueux de l'aigle royal, du faucon crécerelle ou du gypaète barbu – le plus grand rapace d'Europe –, puis les combats des bouquetins, les sangliers et autres chamois. La faune sauvage est abondante. Certaines espèces ont bien failli disparaître. C'est le cas du loup, réintroduit ici après soixante-dix ans d'absence sur le territoire français.

Aux confins de la Méditerranée et des Alpes, le Mercantour dévoile des paysages aux multiples facettes.

Photo Brigitte et Gilles Delluc

La vallée des Merveilles

↑ Un merveilleux voyage dans l'espace et dans le temps.

↓ Véritable musée de la Préhistoire à ciel ouvert, la vallée des Merveilles abrite plus de 36 000 gravures rupestres datées de l'âge du bronze.

A LA FRONTIÈRE ORIENTALE DU PARC NATIONAL DU MERCANTOUR, la vallée des Merveilles se découvre idéalement en deux jours avec une nuit en refuge.

Au pied du mont Bego qui culmine à 2 872 m, la vallée des Merveilles présente, avec la vallée de Fontanalbe, l'un des ensembles de gravures préhistoriques à l'air libre des plus importants d'Europe. Quatre mille ans de l'histoire de l'homme sont inscrits sur plusieurs centaines de roches polies par les glaciers. Une halte au musée des Merveilles de Tende complétera votre visite.

PRATIQUE

ACCÈS : de Menton, prendre l'A 10 puis sortir à Vintimille, puis la S 20 et la N 204 jusqu'à Tende.
CONTACTS : Maisons et points d'informations du parc national du Mercantour :
Roya : 04 93 04 67 00;
Bévéra : 04 93 04 82 45;
Haute Vésubie : 04 93 03 23 15;
Haute Tinée : 04 93 02 42 27;
Moyenne Tinée : 04 93 02 01 63;
Haut-Var - Cians : 04 93 02 58 23;
Haut Verdon : 04 92 83 04 18;
Haute Ubaye : 04 92 81 21 31;
Tende, OT : 04 93 04 73 71.
Association Merveilles, gravures et découverte : 06 86 03 90 13 pour des visites guidées des gravures rupestres.
Roya évasion : 04 93 04 91 46, pour des randonnées pédestres d'avril à septembre.
Itinérances : 04 93 05 56 01, pour des randonnées en itinérance avec nuit chez l'habitant et portage des bagages par des ânes.
La Maison de la montagne et des sports : 04 93 04 77 73.

© Veran / Photothèque Wallis

Les massifs

Les massifs de Provence vous offrent leur beauté brute et sauvage. Ils présentent une grande diversité biologique. Mais cette nature reste fragile en raison du climat, de l'important taux de fréquentation et du manque d'entretien des massifs dû à l'augmentation de la surface forestière qui nécessite des efforts accrus de la part des propriétaires privés, communaux et de l'Office national des forêts. Les risques d'incendie y sont très importants. C'est pourquoi certains sites peuvent être momentanément déconseillés, voire fermés au public. En 2003, les incendies ont dévasté près de 20 000 ha de forêt dans le Var. Une grande prudence est donc recommandée lorsqu'on pénètre au cœur de ces massifs.

PRATIQUE

Office national des forêts (ONF) du Var : 04 98 01 32 50.
Pour connaître les conditions d'ouverture et de fermeture des massifs en période estivale, appeler le répondeur de la Direction départementale de l'agriculture et des forêts : 04 98 10 55 41.
Service départemental d'incendie et de secours : composer le 18, le 112 ou le 04 94 40 18 00.
Dans le cadre de randonnées « découverte de l'environnement » dans les massifs : Géo 2 propose des sorties nature, des ateliers et des expositions.

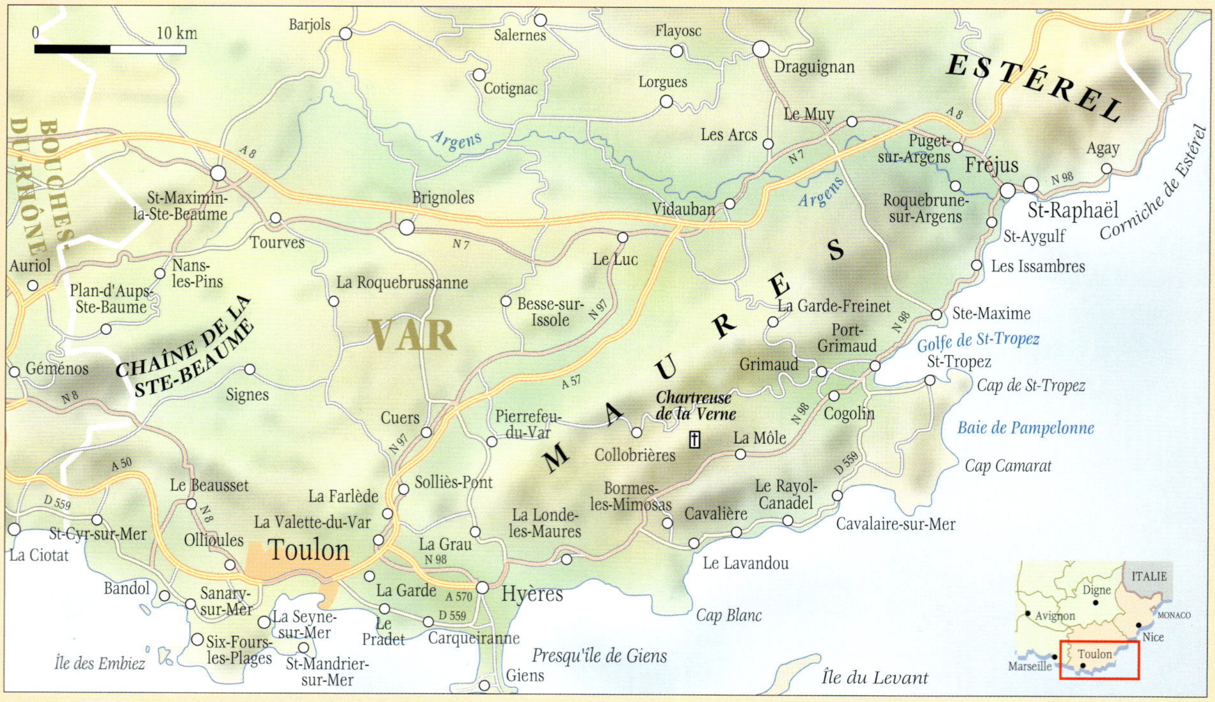

Photo Hervé Champollion

➧ La grotte de la Sainte-Baume, creusée dans la roche calcaire du massif.

Le massif de la Sainte-Baume

Au cœur de la Provence, le massif de la Sainte-Baume s'étire du Var aux Bouches-du-Rhône. Cette longue barre rocheuse de 12 km de long culmine à 1 147 m d'altitude. C'est le plus étendu des chaînons provençaux. Véritable oasis de verdure, il offre une grande variété de paysages : forêt séculaire luxuriante, grottes, avens, sources et ravins. Le site est mondialement connu pour le pèlerinage de la grotte de Sainte-Marie-Madeleine, à laquelle il doit son nom. De l'hôtellerie, qui accueille touristes et pèlerins, on y accède par la forêt sacrée parmi ses arbres centenaires. Sur les traces de François Ier, de Louis XIV et autres illustres personnages, empruntez le « chemin des Rois », ainsi baptisé en leur mémoire.
Enfin, si le cœur, et le courage, vous en dit, partez à l'assaut des crêtes ou optez pour les randonnées au départ de Plan-d'Aups, Roquevaire, Cuges-les-Pins, Riboux, Auriol, Nans-les-Pins, Signes ou de Saint-Zacharie.

➧ Doux réveil coloré du vaste massif des Maures.

PRATIQUE

L'Ecomusée de la Sainte-Baume propose des visites guidées de la forêt : 04 42 62 56 46. Pour un hébergement à l'hôtellerie pendant les fêtes et les pèlerinages : 04 42 04 54 84. Contacts : OT de Plan-d'Aups et de Saint-Maximin-la-Sainte-Baume. Balaline Balal'âne propose des randonnées avec des guides accompagnateurs de moyenne montagne avec ânes de bât : 04 42 62 56 84.

Sur le versant sud du massif, les chênes-lièges règnent en maîtres.

Le massif des Maures

Le nom de ce vaste massif de 200 000 ha viendrait du nom provençal « maouro » qui signifie « sombre ». Car le massif des Maures est dense et difficile d'accès. Le site présente une partie montagneuse de 100 000 ha. Située au cœur du massif, c'est la plus boisée et la plus sauvage. Le massif est divisé en trois lignes de crêtes orientées est-ouest. L'Office national des forêts gère le tiers de ce domaine. Le reste est privé. Sur les versants sud, vous trouverez du chêne-liège, et sur les versants nord des pins maritimes et des châtaigniers. Le site culmine à 800 m. Vous découvrirez la chapelle Notre-Dame-des-Anges au point culminant.
En automne ou au printemps, vous profiterez de la beauté des ruisseaux. Ils ajoutent au site un charme tout particulier. A voir la retenue d'eau de la Mole. Avec ses 8 millions de mètres cubes d'eau, elle alimente le golfe de Saint-Tropez.
Le massif des Maures se découvre à pied. Une opération balades nature accompagnées par des guides de l'Office national des forêts ou des guides naturalistes propose quatre cents

Difficile percée du soleil.

PRATIQUE

L'accès : par la D 14, vous traverserez le massif d'est en ouest et la D 39 vous entraînera du sud au nord par le col de Fourches.
Un répondeur informe les touristes sur les périodes de fermeture du site par fort mistral : 04 98 10 55 41.
Office national des forêts : 04 94 28 21 63
OT de Collobrières, de La Londe-les-Maures et de Bormes-les-Mimosas.

départs par an. Une quinzaine de communes participent à cette opération. Des sentiers balisés s'offrent ainsi à vous, ainsi que le GR 90. A Collobrières, considéré comme la capitale du massif des Maures, assistez à la fête de la Châtaigne les trois derniers week-ends d'octobre. De ce village, rejoignez le plateau de Lambert, au milieu de la forêt domaniale. Vous y découvrirez un paysage rare et étonnant. Au cours de vos promenades, observez les sangliers, les chevreuils et la tortue d'Hermann, la seule tortue terrestre française et la plus ancienne espèce vertébrée d'Europe.

Photo Hervé Ronné

➧ La Chartreuse de la Verne.

➧ La Chartreuse de la Verne, jalousement protégée par l'épaisse forêt des Maures.

LA CHARTREUSE DE LA VERNE

La route est un peu cahoteuse pour rejoindre la Chartreuse de la Verne car elle se termine en terrain naturel. Situé à Collobrières, cet imposant édifice du XIIe siècle, plusieurs fois saccagé lors des guerres de Religion, est aujourd'hui un monastère, habité par les sœurs de Bethléem depuis 1982.

© Sayoun / Photothèque Wallis

Le massif de l'Estérel

VOUS AVEZ IMAGINÉ DES PAYSAGES DU COLORADO en visionnant des publicités ou des films? Eh bien, vous vous êtes peut-être trompé. Car le massif de l'Estérel est le lieu de nombreux tournages de films publicitaires, de cinéma, comme *Le Zèbre* ou *Les Frères corses*, et de photos de mode. Il faut dire que le site s'y prête parfaitement avec ses roches rouges en porphyre qui s'amusent à jouer l'ambiguïté avec les décors du Colorado.

Au sens large, le massif de l'Estérel représente 30 000 ha, mais la partie la plus touristique et la plus remarquable s'étire sur 15 000 ha. Le massif, en forme de fer à cheval, est coincé entre Fréjus -Saint-Raphaël à l'ouest, Cannes à l'est et le village des Adrets-de-l'Estérel au nord.

Parmi les essences locales, on trouve des chênes-lièges, des chênes verts et blancs, des pins parasols et, en zone littorale, des pins maritimes et des pins d'Alep. Le grand cerf européen élaphe, que l'on trouve dans les Vosges, a été réintroduit en ces lieux dans les années 1960. On peut également y observer des biches, des chevreuils et l'aigle de Bonelli.

Vous visiterez la grotte de la Sainte-Baume-de-l'Estérel, où vécut l'ermite saint Honorat et profiterez du panorama. C'est un lieu de pèlerinage réputé. Chaque premier dimanche de mai, se déroule la procession de la Sainte-Baume au départ de Saint-Raphaël.

Au départ du parking de Belle-Barbe, la balade du ravin du Malinfernet, idéale en famille, vous conduira au lac de l'Ecureuil à travers des gorges. Vous cheminerez le long de rochers rouges abrupts. Le massif compte de nombreux sentiers ainsi que les GR 49 et 51.

PRATIQUE

OT de Fréjus, d'Agay, de Saint-Raphaël, des Adrets-de-l'Estérel, de Théoule-sur-Mer, de Mandelieu-la-Napoule.

PRÉCAUTIONS :

Ne jamais partir seul car certains endroits sont très isolés.
Se procurer un plan-guide et des cartes.
Emporter son téléphone portable et de l'eau en quantité suffisante et, éventuellement, un bâton car le site est rocheux.

↑ Mariage merveilleux de couleurs et de reliefs.

Contacts utiles

Comité départemental du tourisme du Var : 04 94 50 55 65
Comité départemental du tourisme des Alpes-Maritimes : 04 93 21 78 78
Les Adrets-de-l'Estérel, OT : 04 94 40 93 57
Agay, OT : 04 94 82 01 85
Aups, OT : 04 94 84 00 69
Antibes/Juan-les-Pins, OT : 04 92 90 53 00
Bandol, contact touristique : 04 94 29 41 35
Beaulieu-sur-Mer, OT : 04 93 01 02 21
Bormes-les-Mimosas, OT : 04 94 01 38 38
Cagnes-sur-Mer, OT : 04 93 20 64 64
Cannes, OT : 04 93 39 24 53
Cap d'Ail, OT : 04 93 78 02 33
Castellane, OT : 04 92 83 61 14
Cavalaire-sur-Mer, OT : 04 94 01 92 10
Collobrières, OT : 04 94 48 08 00
Draguignan, OT : 04 98 10 51 05
Eze, OT : 04 93 41 26 00
Fondation océanographique Paul-Ricard : 04 94 34 02 49
Fréjus, OT : 04 94 51 83 83
Gassin, Mairie (OT) : 04 94 56 62 00
Gourdon, OT : 04 93 09 68 25
Grasse, OT : 04 93 36 66 66
Grimaud, OT : 04 94 55 43 83
Gréoux-les-Bains, OT : 04 92 78 01 08
Hyères, OT : 04 94 01 84 50
La Garde-de-Toulon, OT : 04 94 21 84 56
La Garde-Freinet, OT : 04 94 43 67 41
La Londe-les-Maures, OT : 04 94 01 53 10
La Turbie, Mairie : 04 93 41 10 10
Le Bar-sur-Loup, OT : 04 93 42 72 21
Le Castellet, Mairie : 04 94 98 57 90
La Colle-sur-Loup : 04 93 32 68 36
Le Lavandou, OT : 04 94 00 40 50
Le Thoronet, OT : 04 94 60 10 94
Les Issambres, OT : 04 98 11 37 25
Les Salles, OT : 04 94 70 21 84
Maison du parc national de Port-Cros : 04 94 01 40 72
Maison du parc naturel régional du Verdon à Moustiers-Sainte-Marie : 04 92 74 68 00
Maison des gorges du Verdon, à La Palud-sur-Verdon : 04 92 77 32 02
Maison du tourisme du pays des Maures : 04 94 55 22 00
Mandelieu-la-Napoule, OT : 04 92 97 99 27
Marineland : 04 93 33 55 77
Menton, OT : 04 92 41 76 76
Monaco, Direction du tourisme et des congrès : (+377) 92 16 61 16
Musée océanographique de Monaco : (+377) 93 15 36 00
Moustiers-Sainte-Marie, OT : 04 92 74 67 84
Nice, OT : 04 93 92 82 91/08 92 70 74 07
Parc national du Mercantour secteur Roya : 04 93 04 67 00
Parc naturel régional du Verdon : 04 92 74 68 00
Quinson, OT : 04 92 74 01 12
Riez, OT : 04 92 77 99 09
Roquebrune-Cap-Martin, OT : 04 93 35 62 87
Saint-André-les-Alpes, OT : 04 92 89 02 39
Saint-Aygulf/Fréjus, OT : 04 94 81 22 09
Saint-Cyr-sur-Mer, OT : 04 94 26 73 73
Saint-Jean-Cap-Ferrat, OT : 04 93 46 08 90
Saint-Paul-de-Vence, OT : 04 93 32 86 95
Saint-Raphaël, OT : 04 94 82 01 85
Saint-Tropez, OT : 04 94 97 45 21
Saint-Vallier-de-Thiey, OT : 04 93 42 78 00
Sainte-Maxime, OT : 04 94 55 75 55
Sanary-sur-Mer, contact touristique : 04 94 74 01 04
Sillans-la-Cascade, OT : 04 94 04 78 05
Tende, OT : 04 93 04 73 71
Théoule-sur-Mer, OT : 04 94 49 28 28
Toulon, OT : 04 94 18 53 00
Tourettes-sur-Loup, OT : 04 93 24 18 93
Trigance, OT : 04 94 85 68 40
Vallauris/Golfe-Juan, OT : 04 93 63 82 58
Vence, OT : 04 93 58 06 38
Villefranche-sur-Mer, OT : 04 93 01 73 68
Villeneuve-Loubet, OT : 04 93 02 66 16
Vinon-sur-Verdon, OT : 04 92 78 84 45

Index

Table des matières

Bibliographie

Aimer la Côte d'Azur et le Pays varois, Lionel Heinic, Editions Ouest-France
A la découverte du département des Alpes-Maritimes, Patrick Mérienne, Editions Ouest-France
A la découverte du département du Var, Patrick Mérienne, Editions Ouest-France
Cannes et ses îles, Philippe de Beauchamp, Le Gilletta
Gassin au fil du temps, Colette Peirugues, Maury
La Côte d'Azur, Simonetta Greggio et Grégoire Gosset, Editions Ouest-France
Les numéros consacrés à la Provence et aux aquariums en France « Voyage au centre de la mer » du magazine bimestriel *Détours en France*
Nice, Martine Freynet, Le Gilletta
Promenons-nous dans la forêt de l'Estérel, Office national des forêts
Var Provence Côte d'Azur, Gallimard.

Remerciements

Brice Lovenou, Saban et Caroline, Dominique Roger, Cloé, Yvonne Maurer,
Ronald et Sandrine Lefort, Karen Heard-Lauréote, Corinne Renard, Michel-Denis Perrussel,
Caroline Campo et Pascal Dussouet, Didier Sapène,
Laure Pizzocaro, du Comité départemental du tourisme du Var,
Valérie Pellégrini, du Comité départemental du tourisme des Alpes-Maritimes,
Les offices de tourisme du Var et des Alpes-Maritimes,
Nathalie Fresse, de l'Office de tourisme de Toulon,
Sylviane Mathieu et Patrick Le Tiec, de l'Office de tourisme de Eze,
Patricia Bregère, de l'Office de tourisme de Villefranche-sur-Mer,
Valérie Collet, directrice de l'Office de tourisme de Bormes-les-Mimosas,
Monsieur Courier, directeur de l'Office de tourisme de Saint-Raphaël et géologue,
Patrick Lelong, scientifique de la Fondation océanographique Paul Ricard,
Madame Werner-Tritsch, du Castelet,
Hervé Bergère, du parc national de Port-Cros,
Jean-Pierre Olivier, directeur de la compagnie Vedettes des îles d'Or,
L'équipe de la compagnie TLV – TVM (Transport littoral varois - Transport vision sous-marine),
Jean-Claude Bonnet et Patrick Nativité, des Coches d'eau de Port-Grimaud,
Françoise Olivier, de l'Hôtel Bello Visto à Gassin,
Daniel et Marie-Jeanne Lipari, de l'hôtel Cybelle à Cannes,
Gérald Funestre et Pascal Diry, de la société de location de voitures Car Go à Cannes,
Valentine Dola, de la Fondation Maeght à Saint-Paul-de-Vence,
Marie-Christine Teisseire, de la Villa Kerylos à Beaulieu-sur-Mer
et la Villa Ephrussy de Rothschild à Saint-Jean-Cap-Ferrat,
Elisabeth Brisac et Stéphanie Chevrel, du Marineland,
Thierry Blouin, du restaurant La Mère Germaine à Villefranche-sur-Mer,
Jean-François Bettus, accompagnateur de montagne à La Palud-sur-Verdon,
Michel Pierron de l'Office national des forêts,
Gisèle Salerno, d'Escapade tourisme nature à La Seyne-sur-Mer,
Abdélaï Ouatara,
Max Moutte, historien,
Colette Peirugues, de Gassin
Marie-Laure Bocon, de la Ligue de protection des oiseaux (LPO),
Jean, Marcel, Ulysse et toute leur bande de copains,
ces joueurs de pétanque tropéziens de la place des Lices.

Éditeur : Christian Ryo
Conception graphique & mise en pages : Brigitte Racine
Cartographie : Patrick Mérienne
Photogravure : Nord Compo, Villeneuve d'Ascq (59)
Impression : Imprimerie Pollina s.a., à Luçon (85) - n° L92816

ISBN 2.7373.3392.X - N° d'éditeur : 4638.01.06.03.04
Dépôt légal : mars 2004. Imprimé en France.